सरहद के आर-पार की शायरी

डेढ़ सौ सालों से भी ज़्यादा पुरानी ग़ज़ल कहने की परंपरा अविभाजित भारतीय उपमहाद्वीप के दकन से लेकर दिल्ली, लखनऊ, लाहौर और कराची तक प्रचलित थी। लेकिन 1947 में हिन्दुस्तान और पाकिस्तान की सरहदें खिंचने के साथ ही शायरों की पहचान भी हिन्दुस्तानी और पाकिस्तानी हो गयी। लेकिन शायरी के मुरीदों का इस बात से कोई सरोकार नहीं कि शायर किस देश का है। शायरी के पुराने उस्तादों को तो जहाँ सभी जानते हैं वहीं पिछले कुछेक दशकों में पाकिस्तान और हिन्दुस्तान में बहुत से बेहतरीन शायर हुए हैं जिनसे लोग वाकिफ़ नहीं हैं। इस कमी को दूर करने के लिए 'सरहद के आर-पार की शायरी' शृंखला प्रस्तुत है जिसमें एक पाकिस्तानी और एक हिन्दुस्तानी शायर की ग़ज़लों का लुत्फ़ पाठक एक ही किताब में उठा सकता है।

शायरों और उनकी ग़ज़लों का चुनाव और संपादन तुफ़ैल चतुर्वेदी ने किया है जो बरसों से अपनी पत्रिका, ल.फ़्ज़, के माध्यम से हिन्दी के पाठकों को उर्दू की बेहतरीन शायरी से परिचित कराते रहे हैं।

सरहद के आर-पार की शायरी

रफ़ी रज़ा और तुफ़ैल चतुर्वेदी

संपादक
तुफ़ैल चतुर्वेदी

राजपाल

लिप्यांतरण
इरशाद ख़ान 'सिकन्दर'

ISBN : 9789386534972

प्रथम संस्करण : 2019 © राजपाल एण्ड सन्ज़
SARHAD KE AAR-PAAR KI SHAYARI
RAFI RAZA AUR TUFAIL CHATURVEDI (Poetry)
Edited by : Tufail Chaturvedi

राजपाल एण्ड सन्ज़

1590, मदरसा रोड, कश्मीरी गेट, दिल्ली–110006
फ़ोन : 011-23869812, 23865483, 23867791
e-mail : sales@rajpalpublishing.com
www.rajpalpublishing.com
www.facebook.com/rajpalandsons

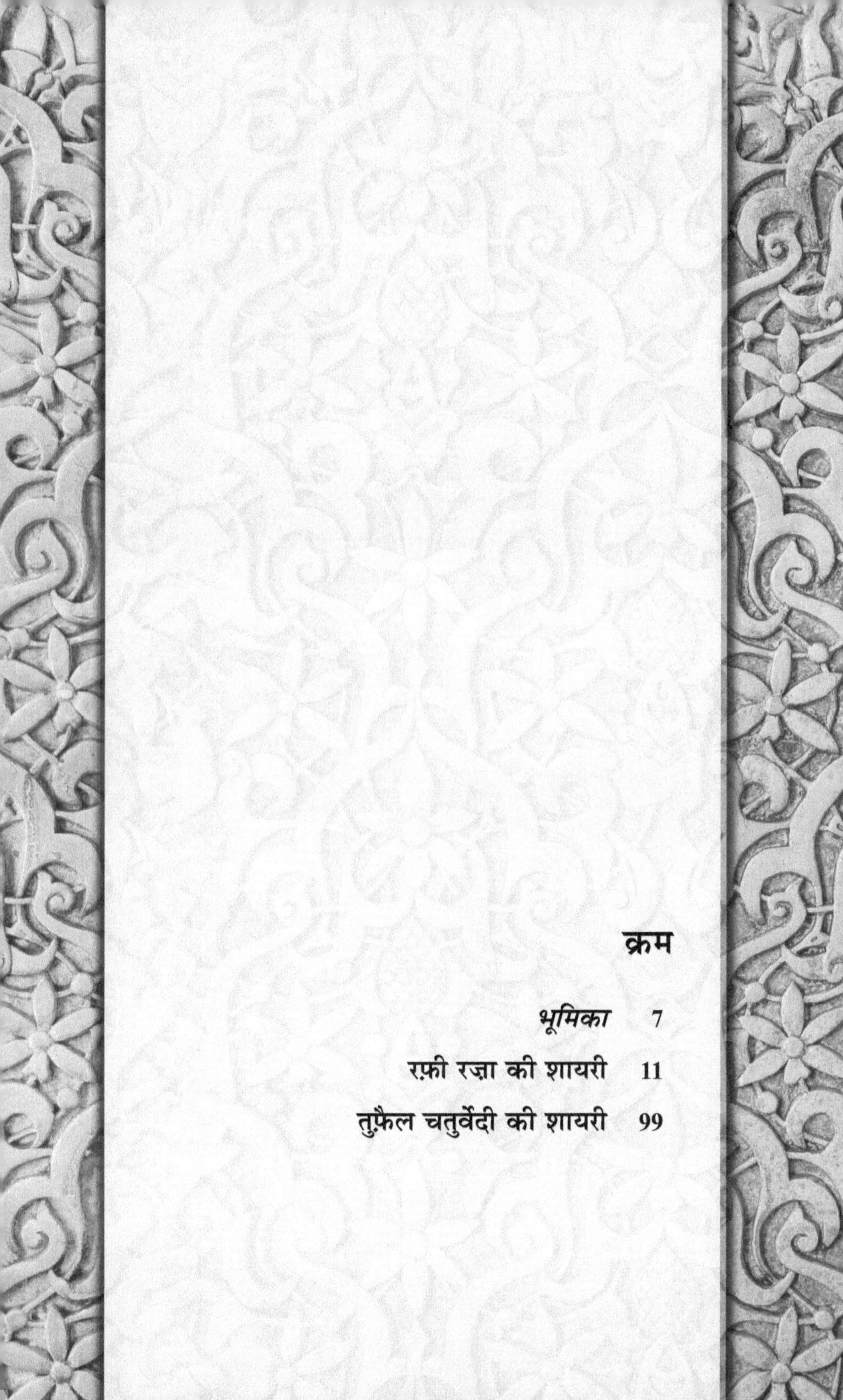

क्रम

भूमिका

राजपाल एण्ड सन्ज़ के लिए 'सरहद के आर-पार की शायरी' की सीरीज़ की इस किताब के लिए रफ़ी रज़ा का चयन किया तो मसअला आया कि हिन्दुस्तान से किसे लिया जाये ? यहाँ इरशाद ख़ान सिकन्दर का मशवरा काम आया कि ख़ुद को रखिये। कारण यह बताया कि आप दोनों की शायरी का एक साथ आना कुछ इस तरह है कि दो तेज़ शराबें मिला कर बहुत तेज़ कॉकटेल बनायी जाये।

ईमानदार शायरी यूँ ही अवाम को बेचैन करने वाली होती है। ये कुछ-कुछ ठहरे पानी में कंकर, बल्कि भारी पत्थर फेंकने का काम है। ज़ाहिर है पानी उछलेगा, आवाज़ होगी और छींटे पड़ेंगे तो लोग मार से बचने की कोशिश करेंगे ही करेंगे, मगर ईमानदार शायरी से कैसे बचा जा सकता है ? इसकी धमक तो घनगरज की तरह होती है। बंद कमरे के दरवाज़ों, दीवारों को पार कर समाअत (श्रवण शक्ति) पर दस्तकें ही नहीं देती अपितु हथौड़े बजाती है।

रफ़ी रज़ा शायरी में वैचारिक प्रखरता को तेज, तीखेपन, तीव्रता की तरह बरतते हैं। जिससे पाकिस्तान ही नहीं दुनिया भर के उर्दू जानने वाले बहुत से लोग परेशां हो उठते हैं। उनकी शायरी यहाँ-वहाँ झगड़े मोल लेती फिरती है। कारण ये है कि वे सदियों पुरानी, आँख बंद करके बातें मान लेने की परंपरा पर सवाल उठाते हैं और जवाब न मिलने पर परंपरा को रद्द करने, उस पर भरपूर चोटें लगाने, उसकी जड़ें काट डालने पर उतर आते हैं। चोट करने के इस फ़न को वो शायरी भी इस आसानी से बना लेते हैं कि नस्री तक़रीर (गद्यात्मक भाषण) का अहसास जाग उठता है और शायरी और नस्र का फ़र्क़ मिट जाता है, जो कि बड़ा कारनामा है।

इक्कीसवीं सदी ने सब परंपरागत विश्वासों की चूलें हिला दी हैं। इंटरनेट के कारण सब कुछ सामने उपलब्ध है। तर्क की नंगी तलवार हर

दक़ियानूस ग्रंथ, मान्यता, जीवन शैली के सिर पर लटक रही है और उसके नीचे खड़े लोग थरथर काँप रहे हैं। रफ़ी रज़ा इसे देख ही नहीं रहे अपितु बहैसियत शायर मज़ा ले-ले कर शे'र बना भी रहे हैं। इसी कारण रफ़ी रज़ा की शायरी के बारे में मुँह देखी बात नहीं की जा सकती। वो ऐसी हर कैफ़ियत को देख कर, समझ कर, शायरी बनाने और समझाने के काम में लगे हैं, जो परंपरागत शायरी से बहुत भिन्न है और परंपराओं की धज्जियाँ उड़ा रही है। उनके शे'र पढ़ने के साथ-साथ रुकने, ठिठकने, सोचने की दावत देते हैं।

उनकी पहली ग़ज़ल ही इस बात की पुष्टि करती है। इसी ग़ज़ल के चंद शे'र देखिये—

हर्फ़ क्या है तुझे नहीं मालूम
ये ख़ुदा है तुझे नहीं मालूम

ये जो मौजूद है इसी में कहीं
इक ख़ला है तुझे नहीं मालूम

तब कहाँ था वो अब कहाँ पर है
पूजता है तुझे नहीं मालूम

आग किस वास्ते मुक़द्दस है
जल रहा है तुझे नहीं मालूम

टूटा-फूटा, कटा-फटा मंज़र
आँख क्या है तुझे नहीं मालूम

इश्क़ खुलता नहीं किसी पर भी
दायरा है तुझे नहीं मालूम

रोते-रोते ये क्या हुआ तुझको
हँस पड़ा है! तुझे नहीं मालूम

जा मियाँ! इससे छेड़छाड़ न कर
ये 'रज़ा' है तुझे नहीं मालूम

रफ़ी रज़ा और मैं यानी तुफ़ैल चतुर्वेदी दोनों शायरी और ज़िन्दगी के मंज़रनामे से ख़मोशी से चुपचाप गुज़र जाने वाले लोगों में से नहीं हैं। ग़लत को ग़लत कहना ही हम दोनों के लिए काफ़ी नहीं है। दोनों मानते ही नहीं जानते भी हैं कि ग़लत को ढोल बजा कर सबके सामने लाना इसलिए भी ज़रूरी है कि ऐसा न किया जाये तो दुरुस्त के साथ सदियों से होती आयी नाइंसाफ़ी बंद नहीं हो पायेगी। यह विरोध बड़े पैमाने पर लोगों में उलझन पैदा करता है। सामाजिक तौर पर इससे दोनों को दिक्कतें पैदा होती हैं। कान-पूँछ लपेट कर कूँ-कूँ करते हुए, किसी तरह ज़िन्दगी जीने वाले लोग ग़ुर्राने वाला लहजा नापसंद तो करेंगे ही करेंगे। भगवान राम के संदर्भ में बाबा तुलसीदास जी ने *रामचरितमानस* में एक दोहा कहा है जो हम दोनों के चिंतन पर भी ज़रा-सा फ़ोकस डालता है। आपको हम दोनों के कलाम में इसके छींटे जगह-जगह दिखाई देंगे—

निशचर हीन करौं मही भुज उठाय प्रण कीन

जनवरी, 2019

—तुफ़ैल चतुर्वेदी
tufailchaturvedi@gmail.com

पाकिस्तानी शायर
रफ़ी रज़ा

रफ़ी रज़ा

पाकिस्तान में चिनाब नदी के नज़दीक रबवह नाम के इलाके में 9 अक्टूबर 1962 को मुहम्मद रफ़ी रज़ा का जन्म हुआ। शायरी की दुनिया उन्हें रफ़ी रज़ा के नाम से जानती है। काफ़ी लम्बे अरसे से अब वो कनाडा में हैं। मज़हबी पाखण्ड का विरोध करने वाले रफ़ी रज़ा एक आलोचक और एक्टिविस्ट भी हैं। अब तक उनके दो उर्दू ग़ज़ल संग्रह, *सितारा लकीर छोड़ गया* और *इतना आसमान*, प्रकाशित हो चुके हैं। पाठकों के साथ-साथ आलोचकों ने भी उनकी शायरी की जमकर तारीफ़ की है। रफ़ी रज़ा की ग़ज़लों में से कुछ चुनी हुई ग़ज़लें अब हिन्दी पाठकों के लिए प्रस्तुत हैं। इनका संपर्क है –
rafiraza@yahoo.com, 001-416-8343829

1

हर्फ़[1] क्या है! तुझे नहीं मालूम
ये ख़ुदा है! तुझे नहीं मालूम

ये जो मौजूद है इसी में कहीं
इक ख़ला[2] है तुझे नहीं मालूम

अब दुआ की तू चीर-फाड़ न कर
आसरा है! तुझे नहीं मालूम

तब कहाँ था, वो अब कहाँ पर है
पूजता है! तुझे नहीं मालूम

सिर्फ़ मलबा गिरा तिरे सर पर
तू खड़ा है! तुझे नहीं मालूम

ज़र्द[3] के बाद ख़ुश्क[4] भूरा रंग
तू हरा है! तुझे नहीं मालूम

इश्क़ का आख़िरी सफ़रनामा[5]
लिख चुका है! तुझे नहीं मालूम

---

1. अक्षर 2. शून्य, निर्वात 3. पीला 4. सूखा 5. यात्रा-वृत्तांत

आग किस वास्ते मुक़द्दस[1] है
जल रहा है! तुझे नहीं मालूम

टूटा-फूटा, कटा-फटा मंज़र
आँख क्या है! तुझे नहीं मालूम

इश्क़ खुलता नहीं किसी पर भी
दायरा[2] है! तुझे नहीं मालूम

क़ब्र पर काहे नाम लिखता है
ख़ाक क्या है! तुझे नहीं मालूम

रोते-रोते ये क्या हुआ तुझको
हँस पड़ा है! तुझे नहीं मालूम

जा मियाँ! इससे कोई छेड़ न कर
ये 'रज़ा' है! तुझे नहीं मालूम

---

1. पवित्र 2. घेरा, वृत्त, सर्किल

2

हुजूम, हम्दो-मुनाजात[1] करने वाला था
मिरा मिज़ाज सवालात करने वाला था

उसे भी ज़िद थी कि माँगूँ तो सब जहाँ देखे
दराज़[2] मैं भी कहाँ हाथ करने वाला था

गिला[3] ख़ुदा से मैं करता तो किसलिए करता
वो ख़ुद शिकायते-हालात[4] करने वाला था

मुझे सलीक़ा न था रौशनी से मिलने का
मैं हिज्र[5] में गुज़रऔक़ात[6] करने वाला था

खुली हुई थीं बदन पर रुवां रुवां आँखें
न जाने कौन मुलाक़ात करने वाला था

मैं सामने से उठा और लौ लरज़ने[7] लगी
चिराग़ जैसे कोई बात करने वाला था

कहाँ ख़बर थी उसे रूह जल रही है मिरी
वो अब्र,[8] जिस्म पे बरसात करने वाला था

कहाँ ये ख़ाक[9] के तोदे[10] तले दबा हुआ जिस्म
कहाँ मैं सैरे-समावात[11] करने वाला था

---

1. ईश्वर की स्तुति और प्रार्थना 2. फैलाना 3. शिकायत 4. परिस्थितियों की शिकायत 5. वियोग
6. जीवनयापन 7. कँपकँपाना 8. बादल 9. मिट्टी 10. ढेर 11. आकाश समूह का भ्रमण

3

करती थी रोज़ आहो-फ़ुग़ां,[1] खींच ली गई
मुँह से ज़ुबां-दराज़[2] ज़ुबां खींच ली गई

शोला किसी चिराग़ का लपका हवा की सिम्त
ऐसे लगा मुझे मिरी जाँ खींच ली गई

ख़ाली तड़प रहा हूँ नशेबे-वजूद[3] में
मेरे बदन से रूहे-रवां[4] खींच ली गई

इक सिम्त[5] ये ज़मीन थी उस सिम्त आसमान
दोनों तरफ़ से मुझ पे कमां[6] खींच ली गई

मैं रास्ते में था मुझे उरियां[7] किया गया
ए वक़्त! मेरी खाल कहाँ खींच ली गई

ऐसे लगा पहाड़ कोई रह में आ गया
ऐसे लगा तनाबे-जहाँ[8] खींच ली गई

मेरा अगर अबद[9] से तअल्लुक़ नहीं 'रज़ा'
तस्वीर मेरी कैसे वहाँ खींच ली गई

---

1. हाय-तौबा 2. उद्दंड, लम्बी जीभ 3. अस्तित्व की घाटी 4. चलायमान आत्मा 5. ओर 6. कमान (धनुष) 7. नग्न 8. संसार की रस्सी 9. वह समय जिसका अन्त ज्ञात न हो, अनश्वर

4

जा! मिरा इन्हिदाम[1] होने दे
यार! कोई तो काम होने दे

ठहर जा राख में अभी कुछ है
आग का इख़्तिताम[2] होने दे

आँख आँसू से बात करती है
उसको महवे-कलाम[3] होने दे

जाते-जाते न मुड़ के देख मुझे
शाम के वक़्त शाम होने दे

इन कचूकों से कौन मरता है
इश्क़ को बेनियाम[4] होने दे

कारे-दुनिया[5] को सब समझता हूँ
ये फ़साना[6] तमाम[7] होने दे

---

1. ध्वंस, ध्वस्त 2. समापन 3. बातचीत करना 4. म्यान से तलवार निकालना 5. सांसारिक कार्य
6. कहानी 7. समाप्त

5

चारों तरफ़ से बंद हूँ ख़तरा नहीं गया
दिल से लगा हुआ कोई धड़का नहीं गया

बढ़ने लगा हूँ आज हदे-वक़्त[1] की तरफ़
अब तक किसी सफ़र से मैं रोका नहीं गया

मैंने तो रौशनी से बहुत देर बात की
उससे मिरा कलाम[2] ही समझा नहीं गया

पहली कई दुआएँ मिरे दिल में रो पड़ीं
फिर मुझ से आसमान को देखा नहीं गया

ऐ इश्क़! मेरी खाल सलामत है क्यों अभी
क्या ठीक से ज़मीं पे घसीटा नहीं गया

बाहर गली में देख लीं चिड़ियां मरी हुई
फिर मुझ से अपने सेहन[3] में उतरा नहीं गया

वहशत[4] को चाहिए कोई बेहद कुशादगी
मुझ से तो इस ज़मीन पे, तड़पा नहीं गया

ये जो कनारे-चश्म[5] तड़प सी है, रंज है
ऐ दिल! यक़ीन कर अभी रोया नहीं गया

हर्फ़ो-हुनर[6] की गठड़ी सरे-आम[7] खुल गई
अपनी कमाई लूट के भागा नहीं गया

---

1. समय की सीमा 2. बात 3. आँगन 4. उन्माद 5. आँख के किनारे 6. अक्षर और कला
7. सार्वजनिक

6

चढ़ता हुआ नश्शा भी उतरने के लिए है
क्या ख़्वाब मिरी आँख में मरने के लिए है

इस बात को लिखना है समन्दर की लुग़त[1] में
डूबा हुआ इक जिस्म उभरने के लिए है

मुझसे तू कभी ख़ाक[2] हटाए तो ये जाने
आईना तिरे पास सँवरने के लिए है

ये दश्ते-मुहब्बत[3] कभी खोला ही नहीं था
ये राहगुज़र[4] तेरे गुज़रने के लिए है

इस सारे जहाँ को तो ये कोना भी है काफ़ी
दिल में जगह कुछ और भी धरने के लिए है

रुकने से भी रुकती नहीं धड़कन मिरे दिल की
लगता नहीं पारा ये ठहरने के लिए है

शब[5] भी मिरी आँखों में लगा लेती है डेरा
और दिन भी मिरे साथ बिखरने के लिए है

हैरत[6] मुझे लगती है कोई आठवीं रंगत
ये रंग मिरी आँख में भरने के लिए है

जैसा भी हूँ सीने से लगा लो मुझे यारो
अब वक़्त ज़रा कम ही सुधरने के लिए है

---

1. शब्दकोश 2. धूल 3. प्रेम का बियाबान 4. रास्ता 5. रात 6. आश्चर्य

7

इश्क़ में कम कोई शिद्दत[1] नहीं की जा सकती
वर्ना मुझ से तो मुहब्बत नहीं की जा सकती

थरथराना तो है शोले की रिवायत[2] प्यारे
तर्क[3] मुझ से ये रिवायत नहीं की जा सकती

क्या किसी और को देखा भी नहीं जा सकता
क्या किसी और पे हैरत नहीं की जा सकती

चाहिए अब किसी हुजरे[4] का बयाबान मुझे
वर्ना खुल कर कोई वहशत[5] नहीं की जा सकती

देख सकता नहीं हर वक़्त मैं तेरी जानिब
मुझ से हर वक़्त इबादत[6] नहीं की जा सकती

शोर अंदर का लिपट जाता है शनवाई[7] से
मुझसे, बाहर की समाअत[8] नहीं की जा सकती

अब तो हर साल पता उसका बदल जाता है
वो जो कहता था कि हिजरत[9] नहीं की जा सकती

करना पड़ जाये अगर दिल के अंधेरों में क़याम
साहिबे-नूर[10] से हुज्जत[11] नहीं की जा सकती

मेरी मिट्टी को तो मिट्टी से बदल सकता है
इससे कम तो मिरी क़मतत नहीं की जा सकती

---

1. तीव्रता 2. परम्परा 3. त्याग 4. कोठरी 5. उन्माद 6. आराधना 7. श्रवण शक्ति 8. सुनना
9. स्थान परिवर्तन 10. प्रकाशमान 11. बहस

8

बुझते बुझते, जिला के आतिश[1] को
बच गया मैं बचा के आतिश को

चल पड़ा और कुछ नहीं सोचा
क्या करूँगा मैं पा के आतिश को

ज़िन्दगी थी कि कोई शोला था
मैं मिला थरथरा के आतिश को

मैंने सबसे कहा रुको ठहरो
देखता हूँ मैं जा के आतिश को

अब गुज़रता हूँ चोर सा बन कर
हाथ दायाँ, दिखा के आतिश को

ठहर शोले! कहाँ को जाता है
इस तरह से तपा के आतिश को

मैंने देखा कि कुछ नहीं बदला
फिर मैं लाया घुमा के आतिश को

आ गया हूँ अलाव में अब तो
मैं जलूँगा बुझा के आतिश को

मैंने बेची है अपनी ख़ाक 'रज़ा'
और लाया कमा के आतिश को

---

1. आग

9

मैंने 'रज़ा'[1] जो इतनी उजाली हुई है आँख
इक बेपनह दिये से लड़ा ली हुई है आँख

ऐसा सुनहरा रंग था इतना सुनहरा जिस्म
ऐसे लगा कि आग में डाली हुई है आँख

शायद उसे कहीं कोई हैरत[2] दबोच ले
हद्दे-नज़र[3] से आगे उछाली हुई है आँख

उसने भी तह-ब-तह[4] कोई मंज़र समो[5] दिया
मैंने भी छुप-छुपा के निकाली हुई है आँख

जब कह रहे थे लोग बचा जान और निकल
उस वक़्त से ही मैंने बचा ली हुई है आँख

ऐसे लगा मुझे किसी तितली के पर झड़े
ऐसे लगा ग़ुबार[6] से ख़ाली हुई है आँख

दुख का इलाज ढूँढ रहा था बहाव में
रो-रो के मैंने और दुखा ली हुई है आँख

अन्दर बला का शोर है बाहर ख़बर नहीं
रौशन हुआ है दिल 'रज़ा' काली हुई है आँख

---

1. स्वयं शायर रफ़ी 'रज़ा' का उपनाम 2. आश्चर्य 3. दृष्टि की सीमा 4. परत दर परत 5. मिला
6. धूलि

10

दहलीज़े-सुख़न[1] पर कोई मिसरा[2] है कि क्या है
आमद[3] है तुम्हारी, कोई खटका है कि क्या है

अफ़लास[4] की बदबू से मैं बेचैन हूँ देखो
तारीख़[5] के हाथों में ये मुर्दा है कि क्या है

क्या है वो, जहाँ तक मैं पहुँच ही नहीं पाता
जो पीछे पड़ी रहती है दुनिया है कि क्या है

हर बार वो तेज़ी से ये कहती है कि देखो
हर बाद वो आहिस्ता से कहता है कि क्या है

पथरीली ज़मीनों पे उसे खींचने वाले
कुछ रहम! ये इन्सान है तोदा[6] है कि क्या है

गर्दिश[7] से निकलते ही नहीं हैं मिरे अहबाब[8]
ये हासिले-ख़ामोशी-ए-काबा[9] है कि क्या है

रुख़सार[10] से पोंछी है तिरी भीख हमेशा
ये आँख है, कशकोल[11] है कासा[12] है कि क्या है

---

1. काल की दहलीज़ 2. काव्य पंक्ति 3. आना 4. साँस 5. इतिहास 6. मिट्टी का ढेर 7. परिक्रमा
8. मित्र 9. काबे के मौन की उपलब्धि 10. गाल 11–12. भीख माँगने का प्याला

इस पर तू नया रंग चढ़ाये तो मैं जानूँ
ये हिज्र[1] कोई रंगे-हमेशा[2] है कि क्या है

इक रोज़ इस अलाव से आये तो जवाब आय
जो मुझमें भड़कता है वो शोला है कि क्या है

ईमान[3] के जंगल से निकलने की मुबारक[4]
अब चल के खुलेगा कि ये रस्ता है कि क्या है

तमहीदे-ख़ुदा[5] छोड़, कमी पर भी नज़र डाल
गूँगा है कि बहरा है कि अन्धा है कि क्या है

मुल्लां कभी इस बहस से फ़ारिग़[6] नहीं होगा
शैतान, फ़रिश्ता है कि गुण्डा है कि क्या है

---

1. वियोग 2. सदा के लिए रंग 3. इस्लाम पर विश्वास 4. बधाई 5. अल्लाह की भूमिका 6. मुक्त

11

मिरी आँखों में सब आँखों से हैरानी ज़ियादा है
कि बेसूरत[1] की सूरत मैं ने पहचानी ज़ियादा है

सुनो! मैं शक्ले-बेचेहरा[2] को चेहरा देने वाला हूँ
नज़र आने से ये दुनिया, कुछ इमकानी[3] ज़ियादा है

तिरी जानिब की लहरों में भी हलचल होती रहती है
मगर मुझ में तुझे पाने की तुग़यानी[4] ज़ियादा है

इरादा बेइरादा भी इधर मैं झिलमिलाता हूँ
मिरी मिट्टी में शायद तेरी मनमानी ज़ियादा है

जला कर देख लेते हैं हम अपने दरमियाँ उसको
चिराग़े-गुफ़्तगू[5] से किसको आसानी ज़ियादा है

सितारों और फ़नपारों[6] की तन्हाई नहीं मिटती
नतीजा ये कि आबादी में वीरानी ज़ियादा है

कमी है तो तुम्हारे लम्स[7] की, वर्ना मिरी जानिब[8]
कभी आतिश[9], कभी मिट्टी, कभी पानी ज़ियादा है

वहाँ गहरे सियह[10] हल्क़े[11] पड़े तो हैं तिरी ख़ातिर
जिन आँखों में मुहब्बत की परेशानी ज़ियादा है

---

1. अनाकृति, आकृतिहीन (ईश्वर) 2. बिना चेहरे की शक्ल 3. सम्भावना 4. बाढ़ 5. बातचीत
के दीप 6. शिल्पाकृति 7. स्पर्श 8. ओर 9. अग्नि 10. काले 11. दायरे

12

तुम्हारे लम्स[1] की साअत[2] बहाल[3] होने तक
बचेगा कौन, मुहब्बत बहाल होने तक

कहाँ ख़बर थी कि दिल का निज़ाम[4] उलटा है
दिखाई दोगे बसारत[5] बहाल होने तक

मैं पिछले साल भी मायूस हो के आया था
मुझे बुलइयो, न हैरत[6] बहाल होने तक

मुनाफ़ा[7] आज मुअत्तल[8] है और लामहदूद[9]
मुझे ख़रीद लो क़ीमत बहाल होने तक

बदन पे खींच लो चादर मैं साँस लेता हूँ
गुले-विसाल[10] की निकहत[11] बहाल होने तक

किसे ख़बर है ज़मीं हो और आसमान न हो
नशे के बाद की हालत बहाल होने तक

कहो ग़ज़ल कोई उस सय्यदा[12] हसीना पर
सुनाओ शे'र, तबीयत बहाल होने तक

---

1. स्पर्श 2. क्षण, घड़ी 3. आनन्दित, ख़ुश 4. व्यवस्था, क्रमबद्धता 5. दृष्टि 6. आश्चर्य 7. लाभ
8. स्थगित 9. असीमित 10. मिलन के फूल 11. सुगन्ध 12. सय्यद की बेटी

13

बाग़ का बाग़ हुआ, आज से सारा मेरा
इतना   सा ख़्वाब नहीं तुम को गवारा[1] मेरा

और कुछ सुनते ही चढ़ जाता है पारा मेरा
दिल धड़कने की सदा[2] पर है गुज़ारा मेरा

मैंने शोलों की कोई बात नहीं की होगी
चन्द ज़ख़्मों की तरफ़ होगा इशारा मेरा

सर-ब-सर[3] आँख नहीं हूँ कि नज़र से मिल लूँ
उसने अतराफ़[4] से क्यों नाम पुकारा मेरा

मैं बुझाता हूँ किसी इश्क़ में मर्ज़ी से अगर
जा चमकता है कि कहीं और सितारा मेरा

---

1. बर्दाश्त, सह्य 2. आवाज़ 3. नितान्त, पूर्णतया 4. दिशाएँ

14

ज़िंदों को ज़िंदा गाड़ के कहता है ख़ुश रहो
मुरदे गड़े उखाड़ के कहता है ख़ुश रहो

कहता है बस्तियों को बसाना है उसका काम
सारी ज़मीं उजाड़ के कहता है ख़ुश रहो

करता है यूँ तो बैठ के सबसे मुज़ाकरात[1]
हर इक से फिर बिगाड़ के कहता है ख़ुश रहो

नस्लों[2] को दे रहा है सबक़ सब्ज़ा-ज़ार[3] का
फल-फूल सारे झाड़ के कहता है ख़ुश रहो

कहता है उसके क़द के बराबर कोई नहीं
आईने तोड़-ताड़ के कहता है ख़ुश रहो

कहता है अब फ़िज़ा[4] पे फ़क़त उस का राज है
और पंख सब के झाड़ के कहता है ख़ुश रहो

कहता है धीमे लहजे में है दोस्ती का राज़
और उसके बाद धाड़ के कहता है ख़ुश रहो

मिट्टी है अपनी ज़ात में मिट जाएगा 'रज़ा'
लहजे में जो पहाड़ के कहता है ख़ुश रहो

---

1. चर्चा 2. पीढ़ियों 3. उपवन 4. वातावरण

15

जिस क़दर चाहा उस क़दर रोये
उम्र हँसने की थी मगर रोये

जहाँ रोना था रो सके न वहाँ
इसी ख़ातिर इधर उधर रोये

मुश्किलें कम नहीं हैं रोने में
किस जगह कोई किस क़दर रोये

सब का रोना यहाँ बराबर है
बेहुनर[1] रोये, बाहुनर[2] रोये

आँसुओं पर ये कैसी पाबन्दी
क्या कोई तुम से पूछकर रोये

लोग रोये बिछड़ने वालों पर
और हम ख़ुद को ढूँढ कर रोये

सबने रोते हुए हमें देखा
इस तरह हम नज़र नज़र रोये

कोई चारा[3] बचा नहीं होगा
वर्ना क्यों मेरे चारागर[4] रोये

मेरे रोने से कुछ नहीं बदला
अब कोई और मोतबर[5] रोये

है ख़ुदा जब कि हर जगह मौजूद
छुपछुपा कर कोई किधर रोये

---

1. गुणहीन 2. गुणवान 3. विकल्प 4. चिकित्सक 5. विश्वासी

16

मुझ पे हालात की गर्दिश का असर ऐसा है
घर पहुँचता ही नहीं हूँ मैं सफ़र ऐसा है

दिन बनाने की मशक़्क़त[1] तो किये जाता हूँ
कुछ कमाता ही नहीं हूँ कि हुनर ऐसा है

ढूँढ ही लेता है नेज़े[2] की तरह की कोई बात
मुझ से छुपता ही नहीं है मिरा सर ऐसा है

आसमाँ से भी यक़ीं उठता चला जाता है
ऐसा होना तो नहीं चाहिए पर, ऐसा है

काटते रहते हैं शाख़ों को मिरे देस के लोग
छाँव देता चला जाता है शजर[3] ऐसा है

कैसे दीवार पे लिक्खी हुई तहरीर[4] पढ़ूँ
आँख जलती है कि अल्फ़ाज़[5] का शर[6] ऐसा है

दरो-दीवार न काफ़ी थे कि छत आन गिरी
आप ही आप भरा जाता है घर ऐसा है

शोर गुम्बद की तरह सर पे तना है लेकिन
अपने अन्दर ही खुला जाता है, दर[7] ऐसा है

---

1. परिश्रम 2. भाले 3. पेड़ 4. लेख 5. शब्दों 6. उपद्रव 7. द्वार

17

यूँ बात बात पे करके मुकालमा[1] मुझसे
वो खुल रहा है मुसलसल[2] ज़रा ज़रा मुझसे

मैं शाख़े-उम्र[3] पे बस सूखने ही वाला था
लिपट गया कोई आकर हरा-भरा मुझसे

मैं इसके पहले वरक़[4] पर रुका हुआ हूँ अभी
सो ख़त्म होगा कहाँ अब मुतालआ[5] मुझसे

पसंद आ गई कैसे उसे ये ख़ाक मिरी
वो आसमान भला कैसे आ लगा मुझसे

वो गुल बदन[6] है तो मैं गुल बदन ही लिक्खूंगा
कि सच तो ये है न होगा मुबालग़ा[7] मुझसे

मैं चल पड़ा हूँ किसी सिम्त सोचता भी नहीं
सफ़र में ख़त्म कहाँ होगा दायरा मुझसे

ये शायरी तो कोई और कर रहा है 'रज़ा'
मैं लिख रहा हूँ वही जो कहा गया मुझसे

---

1. वार्तालाप 2. लगातार 3. आयु की डाली 4. पृष्ठ 5. अध्ययन 6. फूल जैसे शरीर वाला
7. अतिशयोक्ति

18

गुज़रते जा रहे हैं दिन गुज़ारा हो रहा है
जो यकजा[1] हो गया था पारा-पारा[2] हो रहा है

उफ़्क़[3] पर कुछ नहीं दिखता सिवाए उस लहू के
मैं कैसे मान लूँ दिन आशकारा[4] हो रहा है

मैं लिखता जा रहा हूँ और रोता जा रहा हूँ
मुरत्तब[5] ज़िन्दगी का गोशवारा[6] हो रहा है

हम अपने शहर के मलबे पे बैठे सोचते हैं
तिरी रहमत को ये कैसे गवारा हो रहा है

बहुत चमका मिरी आँखों में मेरा शहर लेकिन
गुरूब[7] आहिस्ता-आहिस्ता सितारा हो रहा है

---

1. इकट्ठा 2. टुकड़े-टुकड़े 3. क्षितिज 4. प्रकट, उदय 5. क्रमबद्ध 6. किसी हिसाब का अलग-अलग काग़ज़ों पर लिखना 7. अस्त

19

कुछ न कुछ होने का ये डर नहीं जाने वाला
लेकिन इस ख़ौफ़[1] से मैं मर नहीं जाने वाला

मेरे ज़र्रे[2] को चमकना है उसी नूर[3] के साथ
वो मिरी ख़ाक से बचकर नहीं जाने वाला

क़ौस[4] की तरह से आगे फ़क़त[5] उतराई है
इस बुलन्दी से मैं ऊपर नहीं जाने वाला

इस तने-ख़ाक[6] से निकली है मिरी धूम तो अब
शोर ये लौट के अंदर नहीं जाने वाला

कभी टूटा तो सभी अहले-नज़र[7] देखेंगे
मैं उफ़क़[8] से कोई छुप कर नहीं जाने वाला

गुले-आवारगी[9] क्या पूरा खिला है इस बार
क्या पलट कर मैं कभी घर नहीं जाने वाला

मैं अगर ज़िन्दा रहूँगा तो चला जाऊँगा
मैं यहाँ से कभी मर कर नहीं जाने वाला

ये जो अफ़्लाक[10] के रस्ते पे पड़ा हूँ मैं 'रज़ा'
तो ये लेकर मुझे दर-दर[11] नहीं जाने वाला

---

1. भय 2. कण 3. प्रकाश 4. इन्द्रधनुष 5. केवल 6. मिट्टी के शरीर 7. पारखी, गुणी 8. क्षितिज
9. आवारगी रूपी फूल 10. आकाश 11. द्वार-द्वार

20

हिज्र[1] का कुछ मलाल है ही नहीं
ये मुहब्बत का साल है ही नहीं

दायरों में किसे मिली मंज़िल
ऐसी कोई मिसाल है ही नहीं

उसने लड़कर अमर ही होना है
जिसके हाथों में ढाल है ही नहीं

चश्मे-तर[2] से समझ सके कोई
वर्ना लब[3] पर सवाल है ही नहीं

तह में तुग़यानियों[4] का ज़ोर रहा
सत्हे-दिल पर उछाल है ही नहीं

इल्म[5] ख़ुद भी बड़ी मुसीबत है
इससे बढ़कर वबाल है ही नहीं

आओ हिजरत[6] करें कि शहर में अब
कोई भी हम-ख़याल[7] है ही नहीं

शे'र लिक्खे लिखाये आते हैं
इस में मेरा कमाल है ही नहीं

---

1. वियोग 2. भीगी हुई आँख 3. होंठ 4. बाढ़ 5. ज्ञान 6. स्थान परिवर्तन 7. समान विचार वाला

21

जो इतना ख़ाक[1] को मैंने उछाल रक्खा है
तो जा बिखरने का पूरा ख़याल रक्खा है

मैं चल रहा हूँ ज़माने के पेशो-पस[2] में कहीं
बस अपने आपको इससे निकाल रक्खा है

सो अब तो इतने मुहज़्ज़ब[3] भी हो गए तुम लोग
कि सारे अह्द[4] को ख़तरे में डाल रक्खा है

तुम्हारे साथ कई और अहले-दानिश[5] हैं
मिरे जुनून[6] ने जिनको सँभाल रक्खा है

मदद के वास्ते बुनियाद की तरफ़ से आ
उसे सँभाल जो मैंने सँभाल रक्खा है

पता चला किसी वाइज़[7] ने मेरा शे'र पढ़ा
मिरे चराग़ ने किसको उजाल रक्खा है

---

1. मिट्टी 2. असमंजस 3. शिष्ट 4. काल 5. बुद्धिवादी 6. उन्माद 7. धर्मोपदेशक

22

हरी किताब पे रख इक गुलाब और निकल
दिखा जो देख चुका है तू ख़्वाब और निकल

तह.फ़्फुज़्ज़ात[1] हैं अब तक कई चराग़ों को
उसी उफ़क़[2] पे मिरे आफ़ताब और निकल

अभी तो तेरे तलातुम[3] से मैं नहीं भीगा
भँवर की आँख से ऐ रक़्से-आब[4] और निकल

मिरी ग़ज़ल का ये हुजरा[5] है ध्यान का रस्ता
यहाँ पे बह्स से कर इजतिनाब[6] और निकल

नये हैं लोग सवालात भी नये लाए
उठा यहाँ से पुराना जवाब और निकल

ये रोलता[7] है कहाँ संगो-ख़िश्त[8] में ख़ुद को
उठा ये आँख 'रज़ा' और ख़्वाब और निकल

---

1. सुरक्षाएँ 2. क्षितिज 3. बाढ़ 4. पानी के नृत्य (बाढ़) 5. कोठरी 6. उपेक्षा 7. मिश्रित करना
8. पत्थर और ईंट

23

ज़र्द[1] मैं ख़ून जलाने से हुआ
या तिरे छोड़ के जाने से हुआ

अपनी पहचान भी खोई मैंने
क्या मुझे होश में लाने से हुआ

लहू रुख़सार[2] की जानिब दौड़ा
ये तुझे साथ लगाने से हुआ

राख बुनियाद में, मंज़र पे धुआं
मेरे आतिश[3] को दबाने से हुआ

इल्म[4] दीवार के ढह जाने का
मेरी तस्वीर हटाने से हुआ

मैं गिरा, संग[5] गिरे, ख़ून गिरा
ऐसा बेपर की उड़ाने से हुआ

ये जो मिट्टी का गला बैठ गया
उम्र भर शोर मचाने से हुआ

अक्स दर अक्स[6] मिरी आँख रही
तन्हा मैं आइना-ख़ाने[7] से हुआ

उसको अंदाज़ा मिरी प्यास का फिर
रेत को पानी पिलाने से हुआ

मीरो-ग़ालिब भी हुए हैं लेकिन
मैं मगर अपने ज़माने से हुआ

---

1. पीला 2. गाल 3. आग 4. ज्ञान 5. पत्थर 6. प्रतिबिम्ब के बाद प्रतिबिम्ब 7. शीशमहल

24

कुशादगी[1] मिरे शोले के थरथराने की
और उसपे तंग फ़ज़ा[2] इस क़दर ज़माने की

कोई मिसाल नहीं है कहीं परिंदों में
किसी अलाव के इतना क़रीब जाने की

मैं आज दश्त[3] के उस पार तक नहीं उतरा
भला ये भी कोई अफ़वाह थी उड़ाने की

खड़ा रहा कहीं महराब में वो सजदे तक
वो बेकली[4] थी उसे मेरा सर झुकाने की

अभी अभी जो सितारा लकीर छोड़ गया
सो हो न हो ये है कोशिश मुझे हराने की

कोई ख़याल हमेशा सफ़र पे रहता है
सो ख़्वाब करता है कोशिश मुझे जगाने की

उदास झील सी आँखें और इस क़दर गहरी
मुझे तो पहले ही आदत थी डूब जाने की

मैं मर रहा हूँ किसी और ज़िन्दगी के लिए
नहीं है कोई ज़रूरत मुझे बचाने की

जो एक नक़्शे-अज़ल[5] मेरे साथ ज़र्द[6] हुआ
मुझे लगन है अब उसको हरा बनाने की

---

1. फैलावट 2. माहौल 3. जंगल 4. बेचैनी 5. प्रारम्भिक आकृति 6. पीला पड़ा, मुरझाया

25

अब तक जो एतिबार में आया नहीं है तू
फिर तो किसी शुमार[1] में आया नहीं है तू

बस जान के ज़ियाँ[2] पे तिरे होश उड़ गए
क्या पहले, कारोबार में आया नहीं है तू

अब तक रुका हुआ उसी हैरतकदे[3] में है
लगता है फिर ख़ुमार[4] में आया नहीं है तू

वहशत[5] के भी उसूल हैं तुझको ख़बर नहीं
शायद मिरी क़तार में आया नहीं है तू

मिट्टी बिखेरने का ये मौसम नहीं है दोस्त
अच्छा हुआ बहार में आया नहीं है तू

दुश्मन से ही लड़ा है अभी ख़ुद से तो नहीं
मैदाने-कार-ज़ार[6] में आया नहीं है तू

लाया गया था घेर के तुझ को जुनूँ[7] के पास
फिर अपने अख़्तियार[8] में आया नहीं है तू

---

1. गणना 2. घाटा, नुकसान 3. आश्चर्य की जगह 4. नशा 5. उन्माद 6. युद्ध स्थल 7. उन्माद
8. नियन्त्रण

26

ज़िन्दगी जितनी अज़ीयत[1] से किए जाता हूँ
शायरी उतनी सहूलत[2] से किए जाता हूँ

तू ने नफ़रत से मिरी जान तो क्या लेनी थी
मैं यही काम मुहब्बत से किए जाता हूँ

दिन तो आसान तरीक़े से गुज़र सकता था
मैं ही बस उस को मशक़्क़त[3] से किए जाता हूँ

दरे-तौफ़ीक़[4] के खुलते ही पलटना मेरा
हाय क्या काम मैं ज़िल्लत[5] से किए जाता हूँ

एक चलना है कि खिंचता ही चला जाता हूँ
एक रुकना है कि ताक़त से किए जाता हूँ

वक़्त-नावक़्त[6] का रोना नहीं रोता हरगिज़
जो भी करना है मैं शिद्दत[7] से किए जाता हूँ

रंग रखता हूँ किसी और की देहलीज़ पे मैं
ख़ुद को आरास्ता[8] वहशत[9] से किए जाता हूँ

आग तू इतनी मुक़द्दस[10] है तो आ मुझको जला
मैं नज़ारा[11] तिरा हसरत[12] से किए जाता हूँ

---

1. पीड़ा 2. सरलता 3. परिश्रम 4. दैवानुग्रह का द्वार 5. अपमान 6. समय-असमय 7. प्रखरता
8. सज्जित करना 9. उन्माद 10. पवित्र 11. अवलोकन 12. इच्छा

27

वरक़[1] किताबे-अज़ल[2] का पलटने वाला है
कि जो जहाँ है वहाँ से वो हटने वाला है

सो फैलने की उसी हद पे इल्म[3] जा के रुका
मैं कह रहा था जहाँ ये सिमटने वाला है

मिरी ज़मीन की तक़सीम[4] ही नहीं होनी
मिरा वजूद[5] भी हिजरत[6] में बटने वाला है

मैं ऐन वक़्त पे निकला हुजूम[7] से बाहर
लगा कि ग़ुस्सा मिरा मुझमें फटने वाला है

हज़ार सिम्त[8] से आना है मेरे लफ़्ज़ों ने
अभी ग़ुबार कहाँ मेरा छटने वाला है

मैं चीख़ते हुए मंज़र पे जा के लेट गया
मुझे लगा कोई उसपर झपटने वाला है

ए वाइज़ा[9] तू ख़ुदा की तरफ़ से है ही नहीं
इसी लिए तिरा लहजा डपटने वाला है

हवा चली तो मैं लपका उसी की सिम्त[10] 'रज़ा'
उसे पता तो चले कोई डटने वाला है

---

1. पृष्ठ 2. प्रारम्भिक पुस्तक 3. ज्ञान 4. बँटवारा 5. अस्तित्व 6. स्थान परिवर्तन 7. भीड़ 8. दिशा
9. धर्मोपदेशक 10. ओर

28

दिल से काँटा न उम्र भर निकला
इसलिए जिस्म बेसमर[1] निकला

डर रहा था मैं गहरी खाई से
पाँव फिसला तो मेरा डर निकला

मेरे ज़ख़्मों पे फाहे रखने को
मेरे अंदर से चारागर[2] निकला

आग चुपचाप बुझ रही थी मिरी
नागहां[3] इसमें से शरर[4] निकला

आसमाँ की तरफ़ नज़र उट्ठी
फिर परों में वो नीला पर निकला

अपना लहजा[5] और अपनी शनवाई[6]
मुझ पे मेरा बहुत असर निकला

इस्मे-आज़म[7] से कम नहीं थी ये
अपनी मिट्टी को फूँक कर निकला

सारे कतबे[8] मिटे हुए थे 'रज़ा'
शहर सारा ही मोतबर[9] निकला

---

1. बिना फल के, निष्फल 2. चिकित्सक 3. व्यर्थ 4. चिंगारी 5. शैली, स्टाइल 6. सुनवाई
7. अल्लाह के नामों में से सबसे बड़ा 8. क़ब्र पर लगने वाले शिलालेख 9. विश्वसनीय

29

मैं जी रहा हूँ तिरे मोजिज़े[1] के होने से
कि मर रहा हूँ किसी दूसरे के होने से

मैं ख़ुद तो कुछ भी नहीं हूँ मगर किताबे-अज़ल[2]
पढ़ी गई तू मिरे हाशिये के होने से

बहुत निढाल रहा अपने ज़र्द[3] अरसे में
हरा हुआ हूँ तिरे राब्ते[4] के होने से

वो सिलसिला, मिरा अब भी तवाफ़[5] करता है
जो कट चुका है तिरे सिलसिले के होने से

तो क्या दुआएँ करूँ सानहों[6] के होने की
गले मिले हैं सभी सानहे के होने से

बड़े-बड़ों का भला हो गया मिरे मालिक
तिरे फ़क़ीर तिरे सरफिरे के होने से

खुला ये राज़ कि वहदत में क्या बड़ाई है
मैं जब हक़ीर[7] हुआ जमघटे के होने से

मैं रो रहा था कि शायद भुला दिया गया हूँ
मैं हँस पड़ा हूँ नए हादिसे के होने से

मैं तुझ को देख चुका और तुझ को जान चुका
मैं तुझको मान चुका आइने के होने से

---

1. चमत्कार 2. जीवन की पुस्तक 3. पीले, मुरझायापन 4. सम्बन्ध 5. परिक्रमा 6. दुर्घटनाओं
7. निकृष्ट

30

तू आख़िरी नहीं जो मुझे छोड़कर गया
पहलों के छोड़ने से भला कौन मर गया

शोला मिरे चराग़ का लपका करेगा अब
तू जो हवा के साथ यहाँ से गुज़र गया

पहले ही दश्त[1] था मिरी वहशत[2] से बदगुमां[3]
अब तू भी मेरे ज़र्द[4] बगूले से डर गया

जाता कहाँ है तू मैं तुझे जानता नहीं
कच्चा था इश्क़ में तू पकाने को घर गया

या तू मिला था मुझ से किसी ताज़ा ज़ख़्म में
अब ग़ैर[5] बन रहा है कि वो ज़ख़्म भर गया

अब मैं हूँ और ये मिरी वहशत[6] का आइना
अब तेरा काम ख़त्म कि तू तो सँवर गया

---

1. बियाबान 2. उन्माद 3. कुपित, रुष्ट 4. पीले 5. पराया 6. उन्माद

31

दो-जहाँ[1] मस्त अपने मेले में
ए चिराग़ आ जलें अकेले में

ख़ाक, फिर आग और फिर तू भी
आ पड़ा है मिरे झमेले में

कोई मंज़र[2] खरीद सकता है
मुझको हैरत[3] के एक धेले में

तय किया मुझसे कुछ किनारे ने
बह गया फिर मैं अपने रेले में

टाँक कर फूल उसने बालों में
खोल दी आँख मेरी बेले में

इक किरन मुझको बाँध कर निकली
इक शिकन सो गई गदेले में

ज़िन्दगी उड़ चुकी मगर पीछे
तितलियाँ रह गई हैं ठेले में

हाथ में भुरभुरा के टूटा है
ख़ाक सिमटी हुई थी ढेले में

---

1. पृथ्वी-स्वर्ग 2. दृश्य 3. आश्चर्य

32

ये क्या जगह है आग का बाज़ार है कहाँ
शोला-रुख़ों[1] में मेरा ख़रीदार है कहाँ

ये जो गुज़र रही है मुझे चूम-चूम कर
आख़िर ये रौशनी उसे दरकार[2] है कहाँ

ए वक़्त देख मैं ही बचा अपने सामने
मुझ में चुनी हुई तिरी दीवार है कहाँ

उस नीले आसमाँ से परे रौशनी का दिल
उस पार ही सही मगर उस पार है कहाँ

जिसकी जुबां का ज़ख़्म मिरी रूह तक गया
कौन उससे पूछता तिरी तलवार है कहाँ

ए अक़्ले-कुल[3]! ये बात बड़ी ही अजीब है
पानी को मैं बताऊँ कि मँझधार है कहाँ

रौशन था आइना तो तरफ़दार बन के वो
मुझ को बुझा गया! मिरा ग़द्दार है कहाँ

मैंने उठा लिया है अगरचे सलीब[4] को
ताहम[5] मिरे क़बीले का सालार[6] है कहाँ

---

1. शोले जैसे तमतमाये गालों वालों, सुन्दरियाँ 2. अपेक्षित 3. सम्पूर्ण बुद्धि 4. क्रॉस 5. फिर भी
6. सेनानायक

33

बस इसमें कोई आग ही सोने की तरह है
वर्ना ये मेरी ख़ाक न होने की तरह है

ये आँख में रोका हुआ आँसू ही नहीं दोस्त
ये तो किसी दुनिया को डुबोने की तरह है

हिचकी अभी आवाज़ पे करती है भरोसा
रिक़्क़त[1] अभी इस दौर में रोने की तरह है

मैं ध्यान में डरता हूँ कहीं टूट न जाये
परवाज़[2] की ख़्वाहिश[3] भी खिलोने की तरह है

इक नींद से उठता हूँ नयी नींद की ख़ातिर
ये वक़्त तो ख़ुशरंग[4] बिछोने की तरह है

चलता हूँ किसी सिम्त[5] शबो-रोज़[6] उठाए
सामान ये कुछ और ही ढोने की तरह है

कुछ देर यहाँ शोर मचाता हूँ ग़ज़ल का
ये गोशा-ए-चुपचाप[7] जो कोने की तरह है

---

1. रुदन 2. उड़ान 3. इच्छा 4. सुन्दर रंग वाला 5. ओर 6. रात और दिन 7. शान्त कोण

34

किस जगह खींच के लाई तिरी सरशारी[1] मुझे
अब रुलाती नहीं कोई भी दिलआज़ारी[2] मुझे

हाफ़िज़े-इश्क़[3] हूँ मैं हाफ़िज़े-क़ुरआन[4] नहीं
आख़िरत[5] की नहीं करनी कोई तैयारी मुझे

कहीं समझे मिरे सिजदे को न औरों की तरह
सर झुकाने नहीं देती मिरी ख़ुद्दारी[6] मुझे

बस वही रंजे-मुसलसल[7], वही मायूसी-ए-दिल[8]
क्यों लगाते नहीं कोई नयी बीमारी मुझे

सर में फट जाएगी शरयान लहू की इक रोज़
साथ अपने जो सुलाती रही बेदारी मुझे

ये सितारे मिरे रस्ते से परे दूर हटा
अन्दर आने नहीं देते तिरे दरबारी मुझे

मौत पर अब तो तरस आने लगा है मुझ को
दूर से देखती रहती है ये बेचारी मुझे

कर्बला[9] एक तरफ़, एक तरफ़ सारा जहान[10]
बाक़ी लाशों की भी करनी है अज़ादारी[11] मुझे

---

1. परिपूर्णता 2. दिल टूटना 3. प्रेम को कंठस्थ करने वाला 4. *क़ुरआन* कंठस्थ करने वाला
5. अन्तिम समय 6. स्वाभिमान 7. लगातार का दुख 8. दिल की निराशा 9. वह मैदान जहाँ हुसैन
क़त्ल हुए 10. संसार 11. रोना (शिया लोग हुसैन के लिए रोते हैं, उसे अज़ादारी कहा जाता है।)

35

घर ही बनना था तिरे दिल को यहीं बन जाता
तेरा क्या जाता जो मैं इस का मकीं[1] बन जाता

सब नहीं होते हैं मजजूब[2] निगाहों वाले
हर कोई इश्क़ में दरवेश[3] नहीं बन जाता

कुछ न कुछ ख़ास ख़ुदाई[4] से मिला होता है
रंगो-रोग़न[5] से तो हर शख़्स हसीं बन जाता

पूछ क़ुदरत[6] का सितम राह के पत्थर से कभी
जिसकी ख़्वाहिश थी कि वो दुर्रे-समीं[7] बन जाता

---

1. निवासी 2. वह फ़क़ीर जो देखने में बावला हो मगर पहुँचा हुआ हो 3. फ़क़ीर 4. ईश्वरीयता
5. मेकअप 6. प्रकृति 7. मूल्यवान मोती

36

ये आइना[1] मुझे दीवार में लगाना है
अब आने-जाने का रस्ता भी तो बनाना है

अगर चिराग़ मुझे देखते हैं हैरत से
तो अपना नाम उन्हें मैंने क्यों बताना है

ये सनसनी मिरे अन्दर पड़ी नहीं रहनी
ये शोर मैंने तिरे सामने मचाना है

किसी ख़ला[2] की तरह मुझ में बढ़ रहा है तू
सो तुझ को पाने में कितना मुझे गँवाना है

नुक़ूश[3] मिट्टी के सँवला चुके तपिश[4] से अब
तिरे अलाव ने अंदर से क्या पकाना है

मैं दायरे[5] के स़फ़र से निकलने वाला हूँ
बता दे आज मुझे अब कहाँ पे जाना है

---

1. शीशा, दर्पण 2. शून्य, निर्वात 3. रूपांकन 4. आँच 5. वृत्त, गोले

37

लंबा सफ़र है हल्का सा सामान चाहिये
यारो मुझे दुआ नहीं इमकान[1] चाहिये

शिद्दत[2] मिरे मिज़ाज[3] की मुश्किल-पसंद[4] है
बुहरान[5] से निकलने को बुहरान चाहिये

फ़ारिग़[6] हूँ इन दिनों मैं मुहब्बत के काम से
वहशत को जल्द एक बयाबान चाहिये

ठहरी हुई हवा में गुज़ारा नहीं मिरा
ऐ बादे-पुरसुकूँ[7]! मुझे तूफ़ान चाहिये

तू मिल रहा है मुझ से मगर आग है किधर
मिट्टी को क्या करूँ मैं, मुझे जान चाहिये

पहले मुझे गुमां[8] था मगर अब यक़ीन है
तकमीले-कायनात[9] को इन्सान चाहिये

इल्ज़ाम[10] वर्ना मुझ पे लगेगा गुनाह का
इस कारे-खैर[11] को कोई शैतान चाहिये

---

1. सम्भावना 2. तीव्रता, प्रखरता 3. स्वभाव 4. कठिनाई 5. संघर्ष, अचानक परिवर्तन 6. मुक्त
7. शान्त बहती हवा 8. शंका 9. सृष्टि की पूर्णता 10. आरोप 11. पवित्र काम

38

वो जब भी आता है बाहर से होके जाता है
मगर ये इश्क़ तो अंदर से होके जाता है

गुरेज़[1] करते हुए माहताब[2] को क्या है
कि मेरे जिस्म के ऊपर से होके जाता है

दरे-हुज़ूर[3] पे आया तो ये खुला मुझ पर
कि रास्ता तो मुजाविर[4] से होके जाता है

धड़कती रहती है कोई घड़ी मिरे दिल में
ये वक़्त मेरे ही चक्कर से होके जाता है

मैं झाड़ देता हूँ गर्दे-सफ़र[5] को बालों से
हुमा[6] का साया मिरे सर से होके जाता है

ज़ियादा मैं ही गले से उसे लगाता हूँ
अगरचे हादिसा[7] अक्सर से होके जाता है

कोई-कोई मिरे दिल में क़याम[8] करता है
कोई-कोई मिरे पत्थर से होके जाता है

अलग-थलग है फ़िज़ा[9] और अलग-थलग लहजा
कोई कोई मिरे महवर[10] से होके जाता है

मिरे सुख़न[11] को किनारे से देखने वाले
ठहर! कहाँ तू समन्दर से होके जाता है

---

1. उपेक्षा 2. चाँद 3. किसी पीर के द्वार 4. पीर की समाधि के सेवादार 5. यात्रा की धूल 6. एक काल्पनिक पक्षी, जिसका साया किसी पर पड़े तो वो बादशाह बनता है 7. दुर्घटना 8. पड़ाव, रुकना 9. वातावरण 10. केन्द्र 11. साहित्य

39

ये मैं मिसाल[1] हुआ या दिया मिसाल हुआ
हवा के सामने जो भी रुका मिसाल हुआ

अजीब आलमे-इबरत[2] है जब्र[3] के हाथों
वो बेज़ुबान है, जिसका कहा मिसाल हुआ

वो रौशनी मिरी बीनाई[4] ले गयी पहले
फिर उसके बाद मिरा देखना मिसाल हुआ

ऐ दिलनशीन[5]! तुझे राज़ की बताऊँ मैं
जो मेरी आँख में आया, गया, मिसाल हुआ

ये बात मेरी नहीं बात है ये लोगों की
वो सो गए तो मिरा जागना मिसाल हुआ

वो झूट बाल बराबर था अक्स[6] में लेकिन
छनक के टूट गया, आइना मिसाल हुआ

वहीं कहीं पे कोई मौज[7] पुरसुकून[8] हुई
वहीं कहीं पे मिरा डूबना मिसाल हुआ

मुझे मिसाल न रहमो-करम[9] की दी जाये
मिरे लिए तो हर इक सानिहा[10] मिसाल हुआ

किसी ने मिलना था शहरग[11] के फ़ासले पे 'रज़ा'
सो अपने हाथों गला काटना मिसाल हुआ

---

1. उदाहरण 2. खेद का समय 3. अत्याचार, अन्याय 4. दृष्टि 5. हृदय में बसे 6. प्रतिबिम्ब, चित्र
7. लहर 8. शान्त 9. कृपा 10. दुर्घटना 11. गले की मुख्य धमनी

40

धुआं धुआं ही सही आग का निशान तो है
कि मेरे बाद उठा मेरा ख़ानदान तो है

शबे-शिकस्त[1] परख़चे उड़े भरोसे के
मैं सोचता था मिरे सर पे आसमान तो है

ये जलता ज़ख़्म न ख़ुद भी कलाम[2] करने लगे
कि मैंने ज़ख़्म पे रक्खी हुई जुबान तो है

मिरा कहा जो तिरी सोच तक नहीं आता
कोई ख़ला[3] की तरह अपने दरमियान तो है

ये मुलहिदों[4] ने जो हिजरत[5] की मुशरिक़ों[6] की तरफ़
वो इस लिए कि ज़मीं पर उन्हें अमान[7] तो है

---

1. पराजय की रात 2. बात 3. शून्य 4. नास्तिकों 5. स्थान परिवर्तन 6. मूर्तिपूजकों (इस्लाम अपने अलावा सभी लोगों को मुल्हिद, मुशरिक्, मुनकिर, मुर्हद के भागों में बाँटता है और मृत्युदंड के योग्य मानता है) 7. शरण

41

जैसे गिरे हुए पे मकाँ टूट कर गिरे
सर पर मिरे, ज़मीनो-ज़माँ[1] टूट कर गिरे

पारे[2] वो रौशनी के मुझे ढूँढते हुए
मैं जिस जगह गिरा था वहाँ टूट कर गिरे

मैं ही नहीं बचा तो तिरे आइने से काम
मेरी बला से सारा जहाँ टूट कर गिरे

आधी सदी के ख़्वाब कोई कम नहीं थे दोस्त
आख़िर वो सब सितारे कहाँ टूट कर गिरे

ये कौन सुन रहा है तशद्दुद[3] भरा जवाज़[4]
ये कौन कह रहा है फ़ुलाँ[5] टूट कर गिरे

मलबा ही बेचना है जो बाज़ार में 'रज़ा'
क्या फ़र्क़ किस जगह से दुकाँ टूट कर गिरे

---

1. पृथ्वी और काल 2. टुकड़े 3. तीव्र, प्रखर 4. औचित्य 5. अमुक

42

जो मुझ को घेर रहा है वो डर निकाल न दूँ
मैं अपने गिर्द[1] से दीवारो-दर[2] निकाल न दूँ

हिसाबे-उम्र[3] से तंग आ गया हूँ अब तो मैं
ये माहो-साल[4] ये शामो-सहर[5] निकाल न दूँ

पड़ी हुई है मिरी ज़िन्दगी बहाव में सो
किसी तरफ़ से मैं अपना भंवर निकाल न दूँ

मैं और सिम्त[6] में उड़ता हूँ और सिम्त में तू
ऐ रौशनी मैं तिरा उजला पर निकाल न दूँ

इधर उधर जो चमकती है मेरी ख़ुशफ़हमी[7]
तो अपनी ख़ाक[8] से ये सारा ज़र[9] निकाल न दूँ

फिर उसके बाद में देखूँ कि देखता कोई है
मैं अपने आपसे अपना हुनर निकाल न दूँ

---

1. चारों ओर 2. दीवार और द्वार 3. आयु का हिसाब 4. मास और वर्ष 5. शाम और भोर 6. ओर
7. बौद्धिक प्रखरता, सुधारणा 8. मिट्टी 9. सोना

43

चराग़ पहले से भी मोतबर[1] बना हुआ है
कभी ये दिल था और अब ये नज़र बना हुआ है

ये आइना है कि टूटा हुआ मिरा चेहरा
दरूने-ज़ात[2] अजब इक ख़बर बना हुआ है

मैं अपने काम में तीखा हूँ, अपने शौक़ में वो
मैं उसकी आँख हूँ और वो भँवर बना हुआ है

मुझे तो पहले ही हुजरे[3] में इज़्तिराब[4] सा था
और इन दिनों तो वो शीरीं[5] समर[6] बना हुआ है

अजीब नक़्श[7] है उससे, मिरे तअल्लुक़ का
दिखाई देता नहीं है मगर बना हुआ है

मुझे मुआफ़ ही रख मुझको अपना यार न कह
ये हर्फ़े-ख़ैर[8] अभी हर्फ़े-शर[9] बना हुआ है

---

1. विश्वस्त 2. अस्तित्व के अंदर 3. कोठरी 4. बेचैनी 5. मीठा 6. फल 7. आकृति, छवि
8. शुभ अक्षर 9. उपद्रवी अक्षर

44

लगा के ज़ख़्म वो कुछ और काम करने लगा
मिरा लहू मगर उससे कलाम[1] करने लगा

ख़ुदा का नाम लिया और फिर भरा साग़र[2]
लो मैं शराब को ख़ुद ही हराम[3] करने लगा

मैं उस के सामने बैठा कि मैं झुकूँ लेकिन
वो शोलारू[4] तो मिरा एहतिराम[5] करने लगा

मैं चंद साल में क्या इतना टूट फूट गया
ये आइना तो मिरा इन्हिदाम[6] करने लगा

फिसल गयीं मिरी नज़रें फिर आसमाँ की तरफ़
मैं उसके बाद वहीं पर ख़िराम[7] करने लगा

अगरचे उससे ख़फ़ा था मगर न जाने क्यों
मैं एक रात ख़ुदा को सलाम करने लगा

खुली हुई थीं मिरी आँखें ख़्वाब के अंदर
'रज़ा' मैं सो गया, क़िस्सा तमाम करने लगा

---

1. बात 2. जाम 3. वर्जित 4. शोले जैसे दमकते चेहरे वाला (प्रेयसी) 5. सम्मान 6. ध्वस्त, तोड़-फोड़ 7. टहलना, चलना-फिरना

45

आ मिली शह से हद दिल की बयाबानी[1] की
इतनी तामीर[2] हुई है मिरी वीरानी की

इक जहाँ फैल रहा है मिरे दिल के अंदर
ये इकट्ठी कोई सूरत[3] है परेशानी की

वो ख़ला[4] है कि सिमटता ही नहीं है मुझ से
ऐसी हद पार हुई बेसरो-सामानी[5] की

वो जो हैरत[6] के खिलौनों पे मचल जाता था
मैंने अब तक उसी बच्चे की निगहबानी[7] की

आग से खेलती रहती थी जो मिट्टी मेरी
उसको पड़नी थी ज़रूरत भी कभी पानी की

कोई रौशन तो हुआ मेरी तमन्ना पे अलाव
लौ लरज़ती[8] ही रही मेरी पशेमानी[9] की

अब तो मिट्टी के सिवा कोई ख़रीदार नहीं
तूने क़ीमत ही गिरा दी मिरी पेशानी[10] की

---

1. जंगलपन 2. निर्माण 3. स्थिति 4. शून्य 5. अभाव 6. आश्चर्य 7. देखभाल 8. काँपती
9. लज्जा, शर्मिन्दगी 10. माथा

46

कुछ और ही है आँख में बीनाई[1] से आगे
मैं देखता हूँ ज़ीनतो-ज़ेबाई[2] से आगे

बेताब[3] किये रखती है गहराई में मुझको
इक ताबे-तमाशा[4] है जो गहराई से आगे

लफ़्ज़ों को वहाँ जाते हुए ख़ौफ़ बहुत है
मैं क़ाफ़िया-पैमां[5] हूँ जिस ऊँचाई से आगे

वर्ना कोई इम्काँ[6] न मिरी सोच में आता
सूरत कोई होगी तिरी यकताई[7] से आगे

सर पर मुझे नीली सी ये चादर नहीं काफ़ी
रखता हूँ तअल्लुक़[8] मैं शनासाई[9] से आगे

टकरा के पलटती ही नहीं है मिरी आवाज़
सन्नाटा है क्या शोर की शनवाई[10] से आगे

रख बैठा था मैं अपना क़दम, कैसे उठाता
इक अंधा ख़ला[11] था किसी अंगनाई से आगे

---

1. दृष्टि 2. श्रृंगार और सजावट 3. बेचैन 4. तमाशे का चैन 5. काव्यरत 6. सम्भावना 7. अनूठापन
8. सम्बन्ध 9. परिचय 10. सुनवाई 11. गड्ढा

लगता है सुधरने की नहीं सूरते-हालात[1]
अब चाहिए कुछ और मसीहाई[2] से आगे

चलते हुए मैंने कभी सोचा भी नहीं था
मैं भीड़ में घर जाऊँगा तन्हाई से आगे

मिलने को 'रज़ा' मेरे जुनूं[3] से भी रुका था
जाता हुआ सूफ़ी[4] कोई दानाई[5] से आगे

---

1. परिस्थिति की शक्ल 2. मुर्दों को जिलाना, ईसा का कार्य 3. उन्माद 4. फ़क़ीर 5. बुद्धिमत्ता

47

वो जो मुझ से परे का आलम[1] है
ज़र्द[2] में कुछ हरे का आलम है

कुछ मैं हैरत[3] पे आँख रखता हूँ
और कुछ साँवरे का आलम है

इंतिहा से पलट के आता हूँ
सोच, इक दायरे[4] का आलम है

तुझ को आलम पे अख़्तियार[5] नहीं
क्या किसी दूसरे का आलम है

ऐसी जुरअत[6] कि चीख़ उठा हूँ
कोई हद से डरे का आलम है

भूल जा कि मुझे शिकस्त[7] हुई
ये मिरे पैंतरे का आलम है

---

1. स्थिति 2. पीले 3. आश्चर्य 4. वृत्त, सर्कल 5. नियन्त्रण 6. दुस्साहस 7. पराजय

48

दिन के उजले स.फ़ेद तन से हुआ
जाग उठना भी किस क.फ़न से हुआ

रूह पर सु.र्खियों में लिक्खा है
क्या हुआ, कैसा तन–बदन से हुआ

.ख़ाक है! .ख़ाक में मिलाओ उसे
.फ़ैसला मेरे पैरहन[1] से हुआ

फट पड़ा अपने आप पर जो मैं
सालहा–साल[2] की घुटन से हुआ

मेरे अंदर छनाक से टूटी
आइना चूर जिस थकन से हुआ

दुख में देखो तो ऐसे लगता है
आसमाँ नीलगूं[3], दुखन से हुआ

बुझ गई आँख और फिर मेरा
आमना सामना किरन से हुआ

नज़रअंदाज़ मैं हुआ लेकिन
किस क़दर जुल्म ह.र्फ़ो–.फ़न[4] से हुआ

अब ख़बर दूर तक उड़ेगी 'रज़ा'
आग का राबिता[5] सु.ख़न[6] से हुआ

---

1. वस्त्र 2. वर्ष के बाद वर्ष 3. गहरा नीला 4. अक्षर और कला 5. सम्बन्ध 6. शायरी

49

दिल लरज़ता[1] है ख़स्ता[2] ज़ीने[3] का
क्या मुसाफ़िर नया है सीने का

खिंच रहा हूँ मैं संगे-असवद[4] पर
लुत्फ़ ले तो रहा हूँ जीने का

तुझ से ऐ जौहरी कोई पूछे
ख़ाक में काम क्या नगीने[5] का

आँख को काट कर, बहा आँसू
काम देखो ज़रा कमीने का

मेरा अपना निज़ामे-शम्सी[6] है
मुन्तज़िर[7] तेरवें महीने का

इक तअल्लुक़ उधेड़ बैठा हूँ
सिलना बाक़ी है मेरे सीने का

कारे-हस्ती[8] में लिख दिया जाये
ये सुख़न[9] ख़ून और पसीने का

मैंने हैरत को आँखें बेची हैं
माल मेरा नहीं है छीने का

मैं भी उतना बिखर गया हूँ 'रज़ा'
जितना चर्चा हुआ क़रीने का

---

1. काँपना, 2. भुरभुरा 3. सीढ़ियाँ 4. मक्का में हज के केन्द्र का पत्थर जिसे इस्लाम स्वर्ग से आया बताता है 5. रत्न 6. सूर्य की परिक्रमा 7. प्रतीक्षित 8. जीवन कार्य 9. बातचीत, साहित्य

50

लड़ाई ज़ोर की थी झंडा गाड़ कर निकला
मैं सबके सामने ख़ुद को पछाड़ कर निकला

बहुत दिनों की ख़मोशी थी चीख़ कर टूटी
जो ख़ौफ़ था मिरे अंदर दहाड़ कर निकला

बहुत से लोग थे जो मुझ को याद आने थे
सो मैं किताब के कुछ सफ़हे[1] फाड़ कर निकला

गड़ा हुआ भी नहीं था ज़मीं में ठीक से मैं
हवा का ज़ोर भी मुझ को उखाड़ कर निकला

वो ज़ोरो-शोर से आबाद करने आया था
मगर वो बस्तियाँ मेरी उजाड़ कर निकला

वो सब नुमाइशे-ज़ाहिर[2] पे फ़ख़्र[3] करते थे
मैं जान बूझ के हुलिया बिगाड़ कर निकला

वो माह-साल तो पीछे ही पड़ गये थे 'रज़ा'
सो एक रोज़ मैं दामन को झाड़कर निकला

---

1. पृष्ठ 2. प्रत्यक्ष प्रदर्शन 3. गर्व

51

सवाल ये तो नहीं लकड़ी जल रही है कोई
सवाल ये है कि क्या गीली जल रही है कोई

मिरा कलाम[1] कई मरहलों[2] में जलता है
अभी तो बात वही पहली जल रही है कोई

मैं जल रहा हूँ मगर इस क़दर सुकून[3] से क्यों
बदी[4] के साथ मिरी नेकी जल रही है कोई

ये मौजे-इश्क़[5] लिपट कर जला रही है मुझे
कि राह में पड़ी पगडंडी जल रही है कोई

महक रही है कोई याद गुफ़्तगू[6] की तरह
सुलग सुलग के 'अगरबत्ती' जल रही है कोई

पता चला है कि तुम ख़ुश नहीं तअल्लुक़ में
तुम्हारी उंगली में अंगूठी जल रही है कोई

---

1. साहित्य 2. गंतव्य, मंज़िल 3. चैन 4. बुराई 5. प्रेम की लहर 6. बातचीत

52

अन्दर कोई पारा मुझे रुकने नहीं देता
बाहर वो सितारा मुझे रुकने नहीं देता

हैरत[1] किसी सूरत मुझे चलने नहीं देती
और अगला नज़ारा मुझे रुकने नहीं देता

मिट्टी मिरी थक हार के गिरती है ज़मीं पर
ये दिल का शरारा[2] मुझे रुकने नहीं देता

रुकने की तमन्ना है कि खाती है थपेड़े
चलता हुआ धारा मुझे रुकने नहीं देता

इक बार तिरी आँख में रुक जाती है साअत[3]
फिर वक़्त दुबारा मुझे रुकने नहीं देता

वो पहली मुहब्बत चली आती है बुलाने
वो पहला ख़सारा[4] मुझे रुकने नहीं देता

---

1. आश्चर्य 2. चिंगारी 3. पल, क्षण 4. घाटा, हानि

53

ऐ हुस्ने-बेमिसाल[1]! तुझे क्या मिसाल दूँ
ले आइना सँभाल! तुझे क्या मिसाल दूँ

तू रंगे-बेपनाह[2] तू सर चश्मा-ए-ख़याल[3]
मैं ज़र्द[4] और निढाल! तुझे क्या मिसाल दूँ

वहशत[5] तो दरमियाँ की कोई आग है हबीब[6]
ने* हिज्र[7] ने विसाल[8]! तुझे क्या मिसाल दूँ

बस आ रहा हूँ तेरे उजाले की सिम्त[9] मैं
मेरी भला मजाल! तुझे क्या मिसाल दूँ

मन तुझमें क्यों मगन मुझे तेरी ही क्यों लगन
तू देख मेरा हाल! तुझे क्या मिसाल दूँ

तुझ सा कोई जवाब कभी ढूँढता है क्या
मुझ सा कोई सवाल! तुझे क्या मिसाल दूँ

---

1. अनुपम सौंदर्य 2. असीमित रंग 3. विचारों का स्रोत 4. पीला 5. उन्माद 6. मित्र 7. वियोग
8. मिलन 9. ओर
* न, ना

54

पैरों पे अपने आप खड़ा हो रहा हूँ मैं
ले ख़ाक तू सँभाल! फ़ना[1] हो रहा हूँ मैं

आ-आ के लग रहे हैं गले से जो हादिसे[2]
क्या इसके बाद उनसे जुदा हो रहा हूँ मैं

लगता है जैसे क़र्ज़ था मैं कायनात[3] पर
हर रोज़ हर जगह पे अदा हो रहा हूँ मैं

करती है हर घड़ी मिरे दिल में शुमारे-उम्र[4]
क़िस्तों में क़ैद से यूँ रिहा हो रहा हूँ मैं

कोई अगर कहीं है तो अपना पता भी दे
इक बार और महवे-दुआ[5] हो रहा हूँ मैं

---

1. मरना 2. दुर्घटनायें 3. सृष्टि 4. आयु की गिनती 5. प्रार्थनारत

55

नज़र के साथ मैं मंज़र[1] उठा के आता हूँ
जिसे उठाता हूँ यकसर[2] उठा के आता हूँ

बची-खुची किसी हैरत[3] में दिन गुज़रता है
फिर उस हवाले[4] से मैं सर उठा के आता हूँ

बड़े सुकून से मिलता हूँ उन दिनों सबसे
जब अंदरून[5] में महशर[6] उठा के आता हूँ

वो आसमान मिरे दिल पे झुकता रहता है
जिसे मैं आँख से ऊपर उठा के आता हूँ

दबा हुआ कोई सुर मुझमें साँस लेता है
घुटा हुआ कोई, तेवर उठा के आता हूँ

रुका हुआ मिरा रस्ता मिरे बदन से है
ठहर! ये राह का पत्थर उठा के आता हूँ

---

1. दृश्य 2. समग्र, सम्पूर्ण 3. आश्चर्य 4. सन्दर्भ 5. अपने अंदर 6. प्रलय

56

बात की इस क़दर खरी इक दिन
जाँ हथेली पे ला धरी इक दिन

मैं बज़िद[1] हूँ अगरचे[2] है मालूम
सर कटाएगी ख़ुदसरी[3] इक दिन

उम्र भर मौसमों से लड़ना है
शाख़ जो देख ली हरी इक दिन

सब थे अपने ज़मीर[4] के क़ैदी
सबने ख़ुद को किया बरी इक दिन

न मिला तुम से, और सबसे मिला
आँख रंगों ने जो भरी इक दिन

उम्र भर फिर वो मेरे साथ रही
मिलने आई थी बेघरी[5] इक दिन

अबतरी[6] सारा साल होती है
क्यों नहीं होती बेहतरी इक दिन

---

1. हठ पर 2. यद्यपि 3. अहंकार 4. अन्तरात्मा 5. निवास हीनता 6. अस्त-व्यस्तता

57

मेरे वहमो-गुमान[1] में भी नहीं
कि ख़ुदा आसमान में भी नहीं

कौन सी सिम्त[2] फिर उसे ढूँढूँ
वो अगर लामकान[3] में भी नहीं

न किनारों का है सुराग़ कोई
और कुछ दरमियान में भी नहीं

मैं उसे कैसे सोच सकता हूँ
वो अगर इस जहान में भी नहीं

रौशनी सी परख रही है मुझे
और मैं पूरे ध्यान में भी नहीं

कुछ परिंदों के साथ भी न मिला
कुछ अकेली उड़ान में भी नहीं

वार दुश्मन ने कर दिया होता
तीर उसकी कमान में भी नहीं

---

1. संशय और अनुमान 2. ओर, दिशा 3. वह जो मकान से परे हो (ईश्वर का स्थान)

58

बड़े जतन से इकट्ठा हुआ मिरा चेहरा
ये आइना है कि टूटा हुआ मिरा चेहरा

गले मिले हो तो क्या देखना नहीं तुमने
तुम्हारे शाने[1] पे रक्खा हुआ मिरा चेहरा

वो कोई ख़ास नज़र है वो ढूँढ ही लेगी
हज़ार चेहरों में तरसा हुआ मिरा चेहरा

मैं चुप रहूँगा तिरी बारगाह[2] में लेकिन
नज़र तो आएगा उतरा हुआ मिरा चेहरा

मैं उठ के आ गया शोला–रुख़ों[3] की संगत से
कोई न देख ले जलता हुआ मिरा चेहरा

वो आसमान नहीं था दुखन की शिद्दत[4] थी
मैं देखता था कि नीला हुआ मिरा चेहरा

---

1. काँधे 2. दरबार 3. अंगारे जैसे गालों वाली, प्रेयसी 4. तीव्रता, प्रखरता

59

नहीं कि आँख में पानी ज़रा ज़ियादा है
हमारे ग़म की रवानी[1] ज़रा ज़ियादा है

निकलती जाती है कुछ तो ज़मीन पैरों से
कुछ आसमान की ठानी ज़रा ज़ियादा है

हमें ख़रीद न पाई किसी की नज़रे-करम[2]
तो क्या हुनर की गिरानी[3] ज़रा ज़ियादा है

सभी के पाँव में हिजरत[4] बँधी हुई है मगर
हमारी नक़्ले-मकानी[5] ज़रा ज़ियादा है

हम अपने शह्र जलाते हैं अपने फ़तवों[6] से
हमारी शोला-बयानी[7] ज़रा ज़ियादा है

यहाँ पे सुब्ह का खिलना अभी नहीं मुम्किन
यहाँ पे रात की रानी ज़रा ज़ियादा है

तू कायनात[8] तो क्या मेरे दिल पे बात न कर
तिरे लिए ये कहानी ज़रा ज़ियादा है

---

1. बहाव 2. कृपा दृष्टि 3. बोझ, भारीपन 4. स्थान परिवर्तन 5. स्थानांतरण 6. इस्लामी न्याय शास्त्रियों द्वारा दिये जाने वाले साम्प्रदायिक आदेश, जिनका आधार स्वतंत्र मानवाधिकारों के स्थान पर *क़ुरआन, हदीस* इत्यादि इस्लामी ग्रन्थ होते हैं। इन्हीं इस्लामी न्यायशास्त्रियों ने पाकिस्तान में अहमदियों को काफ़िर और वाजिबुल क़त्ल ठहराया और अनेक अहमदिये क़त्ल कर दिये गये। 7. आग उगलना 8. सृष्टि

60

मैं फिर मिलूँगा मुझे आसमाँ पकड़ना है
और आसमान से अगला जहाँ[1] पकड़ना है

उसे लगा कि मैं बैठा हुआ हूँ फंदे पर
ये जान दे के मुझे अब ज़माँ[2] पकड़ना है

बनी हुई है फ़िज़ा[3] में जो एक पगडंडी
ये रास्ता है कि मैंने धुआँ पकड़ना है

अगरचे[4] ज़ादे-स.फ़र[5] तो यक़ीन ही होगा
मगर कहीं-कहीं मुझको गुमाँ[6] पकड़ना है

मिरी निगाह तो हैरत[7] से बात करती है
सो उस को रोकना मेरी जुबाँ पकड़ना है

बदन थमाते हुए ये नहीं बताया था
तमाम उम्र ये कोहे-गिराँ[8] पकड़ना है

ऐ मेरी ख़ाके-बदन[9] फिर कभी करेंगे कलाम[10]
मुझे अभी कोई ख़्वाबे-रवाँ[11] पकड़ना है

मुझे तो दस्ते-अजल[12] से कोई भी काम नहीं
उसे पता है कि किस को कहाँ पकड़ना है

---

1. संसार 2. काल, समय 3. वातावरण 4. यद्यपि 5. पाथेय 6. शंका, भ्रम 7. हैरानी 8. भारी पहाड़
9. शरीर की मिट्टी 10. बात 11. दौड़ता स्वप्न 12. मृत्यु का हाथ

61

बहुत ही जाविदानी[1] लग रही है
ज़मीं भी आसमानी लग रही है

ये मेरे इश्क़ का पहला समर[2] है
मुझे जो ख़ुशगुमानी[3] लग रही है

ये किस का शुक्र[4] वाजिब[5] हो गया है
ये किसकी मेहरबानी लग रही है

ये कोई पाँचवाँ मौसम है मुझ पर
मुझे जो बेकरानी[6] लग रही है

नये इस आइने को क्या करूँ मैं
मिरी सूरत पुरानी लग रही है

ये सूरज बुझ रहा है जो उफ़क़[7] में
मुझे अपनी कहानी लग रही है

ज़मीं अपने ही चक्कर में है लेकिन
मुझे अपनी रवानी[8] लग रही है

मैं अपनी राख ख़ुद से झाड़ता हूँ
तुम्हें शोला बयानी[9] लग रही है

मैं अपनी साँस तक रोके हुए हूँ
गले से बदगुमानी[10] लग रही है

---

1. स्थायित्वपूर्ण 2. फल 3. अच्छा लगना 4. आभार 5. आवश्यक 6. बेचैनी 7. क्षितिज
8. गतिमानता 9. आग उगलना 10. बुरा मनाना

62

दिल को बेहतर बना लिया जाये
इसे पत्थर बना लिया जाये

वो जो बाहर न बन सका अब तक
उसे अंदर बना लिया जाये

किसी उजड़ी निगाह से मिलकर
कोई मंज़र बना लिया जाये

डर ख़ुदा का नहीं रहा बाक़ी
तो नया डर बना लिया जाये

उम्र गुज़री है चुप के गुम्बद में
शोर का दर[1] बना लिया जाये

हमने इंकार ही तो करना है
इक पयम्बर बना लिया जाये

सारा इल्ज़ाम उस पे धर देंगे
कोई रहबर[2] बना लिया जाये

आओ लड़ते हैं अपने आपसे हम
आओ लश्कर[3] बना लिया जाये

---

1. द्वार 2. पथ प्रदर्शक 3. सैन्य

63

हटो यहाँ से मियां! कोई और काम करो
कि आसमाँ न सुने और तुम कलाम[1] करो

मैं एक शर्त पे आऊँगा बज़्मे-याराँ[2] में
मिरे लिए किसी हैरत[3] का एहतिमाम[4] करो

लगी है दिल पे मगर पार तो नहीं उतरी
तुम अपनी बात ज़रा और बेनियाम[5] करो

अजीब लोग हो बुनियाद रहने देते हो
गिरा रहे हो तो फिर पूरा इन्हिदाम[6] करो

कोई चिराग़े-रुख़े-यार[7] मुहतरम[8] है तो
जहाँ भी देखो चराग़ों का एहतिराम[9] करो

तुम्हें बताऊँ कि कैसे उड़ान होती है
मिरे सुख़न[10] में हदे-वक़्त[11] पर ख़िराम[12] करो

बताऊँ राज़ तुम्हें मेरे कर्बला[13] वालो
जो कर सको मिरा अंदर से क़त्ले-आम[14] करो

समेटने में मुझे सारी रात लगनी है
बिखर गया हूँ मिरे दिन का इख़्तिताम[15] करो

ये एक चीज़ हरी रह गई है विरसे[16] में
'रज़ा' ज़मीने-सुख़न[17] भी ख़ुदा के नाम करो

---

1. बात 2. मित्रों की गोष्ठी 3. आश्चर्य 4. व्यवस्था 5. म्यान से खड्ग बाहर निकालना 6. ध्वस्त
7. प्रेयसी के गाल की दीये से उपमा 8. सम्माननीय 9. सम्मान 10. साहित्य 11. समय सीमा
12. चलना-फिरना 13. वह मैदान जहाँ अली के बेटे हुसैन का क़त्ल हुआ 14. सार्वजनिक वध
15. समाप्त 16. उत्तराधिकार 17. साहित्य का क्षेत्र

64

कौन कहता है कि ईमान से डर लगता है
मुझ को अल्लाह के दरबान[1] से डर लगता है

ग़ैर[2] के डर का वो अंदाज़ा लगा सकता है
जिस मुसलमां को मुसलमान से डर लगता है

आपने चेहरे को दाढ़ी से छुपाया क्यों है
आपको अपनी ही पहचान से डर लगता है

झाँकते क्यों नहीं ख़ुद अपने गिरेबान में आप
आप को अपने गिरेबान से डर लगता है

चंदा देने के लिए आते हैं मस्जिद की तरफ़
मेरे घर वालों को तावान[3] से डर लगता है

कल सुनी गुफ़्तगू हैवानों[4] की छुप कर मैंने
सभी कहते थे कि इन्सान से डर लगता है

---

1. द्वारपाल 2. दूसरे 3. क्षतिपूर्ति 4. राक्षसों

65

गिरते हुए मलबे में सितारा तो नहीं है
अब ये मिरे जाने का इशारा तो नहीं है

वो आख़िरी आराम सड़क पर ही मिलेगा
फुटपाथ पे चीख़ों का गुज़ारा तो नहीं है

शमशान में रक्खी हुई दुनिया को करूँ क्या
अब देखने वाला ये नज़ारा तो नहीं है

तरतीब[1] से रक्खे हैं ये ख़्वाबों के जनाज़े[2]
आ देख ले तेरा कोई प्यारा तो नहीं है*

क्या पोंछने वाला है वो आँखों से लहू को
उस नीलगूं[3] दामन ने पुकारा तो नहीं है

वहशत[4] ने उछाली है मिरी ख़ाक वगरना
उड़ना मिरी मिट्टी को गवारा तो नहीं है

क्यों दीदा-ए-अफ़्लाक[5] में अफ़सोस चमकता
ये नज़्म[6] है क़ुरआँ[7] का सिपारा[8] तो नहीं है

---

1. क्रम 2. अर्थियाँ 3. नीले रंग का 4. उन्माद 5. आकाश की आँख 6. कविता 7. क़ुरआन
8. खण्ड, भाग
* पेशावर में इस्लामी आतंकवादियों द्वारा स्कूल में सैकड़ों बच्चों की हत्याओं पर कहा गया शे'र

66

गुले-सियाह[1] खिला है सो देखना क्या है
ये पूरे दिन का सिला[2] है सो देखना क्या है

मुंडेर वक़्त की ख़स्ता थी मेरे पाँव तले
हवा का साँस रुका है सो देखना क्या है

वो जिसको अपने परों पर बहुत भरोसा था
वही परिन्दा गिरा है सो देखना क्या है

अगर उमंग नहीं है तो मैं भी दंग नहीं
लहू में रंग बचा है सो देखना क्या है

बगूला[3] सा कहीं चकरा रहा है वहशत[4] में
ये शोर देखा हुआ है सो देखना क्या है

अजीब संगे-हक़ीक़त[5] था ऐन दिल पे लगा
अब अक्स[6] टूट गया है सो देखना क्या है

धुएँ ने तान ली चादर तो मैं हुआ अंधा
ये 'देखना' ही बुझा है सो देखना क्या है

ख़ुद अपने ख़्वाब की नज़रों में आ गया हूँ मैं
वो मुझको देख रहा है सो देखना क्या है

---

1. काला फूल 2. परिणाम, बदला 3. बवंडर 4. उन्माद 5. वास्तविकता का पत्थर 6. बिंब

67

जो दिन के साथ निकल कर ग़ुरूब[1] होता हूँ
तो अपने ख़ून में ढल कर ग़ुरूब होता हूँ

ग़ुरूब होने की कुछ और सूरतें[2] भी हैं
मुझे ये क्या है कि जल कर ग़ुरूब होता हूँ

पुकारता है किसी और को उफ़क़[3] लेकिन
मैं अपना नाम बदल कर ग़ुरूब होता हूँ

न जाने कौन मुझे अपने पीछे छोड़ गया
मैं सारे दश्त[4] में चल कर ग़ुरूब होता हूँ

फिर आबे-सुख़ं[5] किनारे में ढूँढता है मुझे
मैं आँखें ज़ोर से मल कर ग़ुरूब होता हूँ

किसे ख़बर कि किसी दिन कोई तलूअ[6] न हो
कई दिनों से सँभल कर ग़ुरूब होता हूँ

---

1. अस्त होना (सूर्यास्त के लिए प्रयोग होता है) 2. स्थितियाँ 3. क्षितिज 4. बियाबान, जंगल
5. लाल पानी, ख़ून के आँसू 6. उदय (सूर्योदय के लिए प्रयोग होता है)

68

एक इस उम्र का ही काटना काफ़ी नहीं क्या
इश्क़ का बोझ मिरी जाँ पे इज़ाफ़ी[1] नहीं क्या

तेरी उम्मीद पे पूरा नहीं उतरा लेकिन
मेरे आँसू तिरे नुक़्साँ[2] की तलाफ़ी[3] नहीं क्या

पसे-दीवार[4] भी दीवार खड़ी कर दी है
आप ही कहिए कि ये वादा-ख़िलाफ़ी[5] नहीं क्या

आसमाँ की तरफ़ उम्मीद से जो देखता हूँ
ये मिरा जुर्म सही इसकी मुआफ़ी नहीं क्या

मोजिज़े[6] क्या हुए वो सारी दुआएँ हैं कहाँ
अब कोई दस्ते-मसीहाई[7] भी शाफ़ी[8] नहीं क्या

मुनफ़रद[9] कैसे न मानेंगे ये नक़्क़ाद[10] मुझे
सब अनोखे मिरी ग़ज़लों के क़वाफ़ी[11] नहीं क्या

---

1. अतिरिक्त 2. हानि 3. क्षतिपूर्ति 4. दीवार के पीछे 5. प्रतिज्ञा भंग करना 6. चमत्कार 7. मसीहा का हाथ (ईसा के लिए संकेत है) 8. रोग मुक्त करना 9. अनूठा 10. आलोचक 11. क़ाफ़िये, तुकें

69

औरों ने जब ज़मीं को विरासत[1] में ले लिया
मैंने भी आसमान को ग़ुरबत[2] में ले लिया

सोया हुआ था शह मगर, यूँ ही ख़ौफ़[3] ने
मैं जागता था, मुझको हिरासत[4] में ले लिया

सोचा कि कुछ नहीं है तो दिन ही निकाल लूँ
ये काम रात मैंने फ़राग़त[5] में ले लिया

मर्कज़[6] में उसके थी कोई मंज़िल खिली हुई
जिस दायरे[7] ने मुझ को मुसाफ़त[8] में ले लिया

शोले का रक़्स[9] देखने आये हुए हुजूम[10]
मुझ से ये काम सबने मुहब्बत में ले लिया

सफ़[11] ख़ाली हो गई सभी वहशी[12] निकल गए
मैंने ख़ुदा का नाम जो वहशत[13] में ले लिया

तुम मिल गए तो देखो तुम्हारी ख़ुशी को फिर
चारों तरफ़ से दुख ने हिफ़ाज़त में ले लिया

पहले कोई ख़ला[14] मिरे दिल के क़रीब था
फिर इसको मेरी आँख ने वुसअत[15] में ले लिया

जैसे उलट गई कहीं तरतीबे-ख़द्दो-ख़ाल[16]
ज़र्रे[17] ने कायनात[18] को हैरत[19] में ले लिया

---

1. उत्तराधिकार 2. प्रवास, निर्धनता 3. आतंक 4. क़ैद 5. अवकाश 6. केन्द्र 7. वृत्त 8. यात्रा
9. नृत्य 10. भीड़ 11. पंक्ति 12. दीवाने, उन्मादग्रस्त 13. उन्माद 14. शून्य 15. फैलाव
16. रूप-स्वरूप का क्रम 17. कण 18. सृष्टि 19. आश्चर्य

70

जिस तरफ़ आँख उठाता हूँ उधर मिट्टी है
देखता ख़ाक हूँ, ताहद्दे-नज़र मिट्टी है

खींचता रहता है कोई मुझे मिट्टी से परे
पर मैं उस सिम्त को खिंचता हूँ जिधर मिट्टी है

ऐसे लगता है कि मैं बैठ गया हूँ थक कर
ऐसे लगता है कि अब महवे-सफ़र[1] मिट्टी है

सब्ज़[2] होने से हक़ीक़त तो नहीं बदलेगी
लाख इतराए मगर अस्ले-शजर[3] मिट्टी है

होगा अफ़्लाक[4] पे भी दुख का मुदावा[5] लेकिन
खुले ज़ख़्मों के लिए जूदअसर[6] मिट्टी है

---

1. यात्रारत 2. हरे 3. वृक्ष की वास्तविकता 4. आकाश 5. उपाय, इलाज 6. प्रभावी

71

मैंने लिया है आँख में भर इतना आसमान
कैसे करेगा दिल में सफ़र इतना आसमान

जितना निकल के आया है मुझ को यक़ीन है
अब भी बचा हुआ है उधर इतना आसमान

जा कर मिलेगी फिर तू हदे-वक़्त[1] से फ़सील[2]
बुनियाद[3] में लगाया अगर इतना आसमान

इतनी कुशादगी[4] से कहाँ फिर सकेगा ये
कर दूँ अगर मैं आँख-बदर[5] इतना आसमान

ज़ाहिर है हाशिए[6] में वही लिख रहा हूँ मैं
देता है मुझको जिसकी ख़बर इतना आसमान

अब बोलने लगा हूँ ज़मीं के ख़िलाफ़ भी
मुझको बना रहा है निडर इतना आसमान

वो कौन मोतबर[7] है 'रज़ा' मैं भी देख लूँ
हैरत से देखता है जिधर इतना आसमान

---

1. समय सीमा 2. दीवार 3. नींव 4. फैलाव 5. बाहर निकालना 6. किसी पृष्ठ, चादर का प्रारंभिक किनारा 7. विश्वस्त

72

ज़मीनो-आसमाँ का क्या किया जाये
और उनके दरमियाँ का क्या किया जाये

न पूछो उस जहाँ से क्या हुआ था
ये पूछो इस जहाँ का क्या किया जाये

ज़मीं तो खोखली कर दी है हमने
और अब सय्यारगाँ[1] का क्या किया जाये

न चलने दे जो अपने कारवां को
तो मीरे-कारवाँ[2] का क्या किया जाये

हमारी दास्ताँ में रो पड़ी है
तुम्हारी दास्ताँ का क्या किया जाये

सफ़र में इक सितारा भी बहुत था
हुजूमे-कहकशाँ[3] का क्या किया जाये

नतीजा कुछ भी निकले कुछ तो निकले
मुसलसल[4] इम्तिहाँ[5] का क्या किया जाये

नज़र आता है सर पर और नहीं है
'रज़ा' इस आसमाँ का क्या किया जाये

---

1. सितारों 2. कारवां के व्यवस्थापक 3. आकाशगंगाओं की भीड़ 4. लगातार 5. परीक्षा

73

खुलता है ये दश्त[1] आँख झपकने के बराबर
मैं देखता हूँ देख न सकने के बराबर

चलता चला जाता हूँ पर अंदेशा[2] लगा है
मंज़िल न मिले गर मुझे थकने के बराबर

सुनने से तो ख़ुशबू का तअल्लुक़ भी नहीं है
क्यों बात वो करता है महकने के बराबर

कोशिश तो ये करता हूँ कि छू लूँ मैं फ़लक[3] को
दूरी है मिरा हाथ झटकने के बराबर

अंदाज़ा तिरी सिम्त[4] का होता ही नहीं है
आवाज़ तो आती है धड़कने के बराबर

सौ रंग फ़रोज़ां[5] रहे उस बंदे-क़रबा[6] में
इक रंग अलग सा था झिझकने के बराबर

मैं भी कोई कम था कि लिपटता न उसी से
शोला कोई लपका था झिड़कने के बराबर

बीनाई[7] को अब ढूँढता फिरता हूँ 'रज़ा' मैं
बिजली कोई चमकी थी उचकने के बराबर

---

1. जंगल 2. आशंका 3. आकाश 4. ओर, दिशा 5. चमकते, जगमगाते 6. वस्त्र की गाँठ
7. देखने की शक्ति

74

ये ख़ुदकुशी[1] से कोई मावरा[2] परिंदा है
जो ज़र्द[3] होता हुआ इक हरा परिंदा है

उड़ाता रहता हूँ ज़ख़्मी परों के साथ उसे
मिरे लिए मिरा हर्फ़े-दुआ[4] परिंदा है

ये फड़फड़ाता हुआ शोला ख़ोल दे कोई
बंधा चराग़ से क्यों आग का परिंदा है

ये बेपरी[5], ये लहू, ये कराहती आवाज़
ये आइने में कोई दूसरा परिंदा है

हवा थमी है मगर शाख़[6] किस तरह लरज़ी
शजर[7] के दिल में कोई जागता परिंदा है

मिरी तो जाँ पे बनी है, मगर परिंदे ख़ुश
कि उनके साथ कोई रहनुमा[8] परिंदा है

अजब नहीं कि कहीं उसका साँस टूट गिरे
ये मेरा ध्यान फ़िज़ा[9] में नया परिंदा है

मिरे लिए गुले-हैरत[10] खिला हुआ रखना
'रज़ा' अभी मिरे पास आँख का परिंदा है

---

1. आत्महत्या 2. परे 3. पीला 4. प्रार्थना का शब्द 5. पंखहीनता 6. डाली 7. पेड़ 8. पथप्रदर्शक
9. वातावरण 10. आश्चर्य का फूल

75

एक मजज़ूब[1] उदासी मिरे अंदर गुम है
इस समंदर में कोई और समंदर गुम है

बेबसी कैसा परिंदा है तुम्हें क्या मालूम
उसे मालूम है जो मेरे बराबर गुम है

धूप-साये का कोई खेल है बीनाई[2] भी
आँख को ढूँढ के लाया हूँ तो मंज़र[3] गुम है

संग-रेज़ों[4] में महकता है कोई सुर्ख़[5] गुलाब
वो जो माथे पे लगा था वही पत्थर गुम है

एक मदफ़ून[6] दफ़ीना[7] इन्हीं अतराफ़[8] में था
ख़ाक उड़ती है यहाँ और वो गौहर[9] गुम है

---

1. दीवानी 2. देखने की शक्ति 3. दृश्य 4. पत्थर के कणों 5. लाल 6. दफ़्न 7. निधि, गाड़ा गया ख़ज़ाना 8. आस-पास 9. मोती

76

ज़मीं के साथ मिरा दिल झगड़ता रहता है
और आसमान का नक़्शा बिगड़ता रहता है

ये रौशनी उसी मजज़ूब[1] के लिए तो नहीं
जो आती-जाती शुआएँ[2] पकड़ता रहता है

लगा हुआ है बदन में जो साँस का पौधा
ये बार-बार यहाँ से उखड़ता रहता है

चमक-दमक यहीं रहती है मेरे होने की
उधर ख़ला[3] पे मिरा साया पड़ता रहता है

वो क़द सुख़न[4] के शजर[5] का निकाल बैठा हूँ
कि बौर और दरख़्तों[6] पे झड़ता रहता है

मिरे मिज़ाज को बख़ियागरी[7] नहीं आती
तअल्लुक़ात[8] का धागा उधड़ता रहता है

खँडर को आँख की वीरानी में बिखरना था
वो कम पड़ी है सो दिल में उजड़ता रहता है

---

1. दीवाना, सिद्ध 2. किरणें 3. शून्य, अन्तरिक्ष 4. साहित्य 5. पेड़ 6. पेड़ों 7. तुरपाई 8. सम्बन्धों

77

दश्ते-तलब[1] में फूल खिलाने लगी हो तुम
क़ौसे-कुज़ह[2] के रंग बढ़ाने लगी हो तुम

तुम ने उलट दिये हैं मुहब्बत के दो जहान[3]
मैं आ नहीं रहा तो बुलाने लगी हो तुम

खिड़की से देखती हुई क्यों पीछे हट गई
क्या रौशनी गली की बुझाने लगी हो तुम

गिरते हुए जहाने-तमन्ना[4] की ख़ैर हो
झुकती हुई निगह से उठाने लगी हो तुम

धुँधला रहा है अक्स[5] तुम्हारा अब आँख में
ठहरो ये किस ग़ुबार[6] में आने लगी हो तुम

---

1. इच्छा क्षेत्र 2. इन्द्रधनुष 3. धरती-आकाश 4. इच्छा का संसार 5. बिम्ब 6. धूलि

78

न कुछ कर के जो मर जाना ज़रूरी हो गया है
तो जी में जो है कर जाना ज़रूरी हो गया है

इजाज़त दे मुझे दश्ते-तलब[1] में लौटने की
कि मुझ बेघर का घर जाना ज़रूरी हो गया है

किसी की कमनिगाही[2] से जब आँखें बुझ गई हैं
तो चेहरा भी उतर जाना ज़रूरी हो गया है

अगर यूँ ही रहा हद पर रुके रहने का आलम[3]
तो फिर हद से गुज़र जाना ज़रूरी हो गया है

सिमटने की कोई हद पार कर आया हूँ क्या मैं
जो अब मेरा बिखर जाना ज़रूरी हो गया है

कहीं कोई ख़ला[4] मेरे न होने का भी होगा
जिसे अब मुझ से भर जाना ज़रूरी हो गया है

सितारे हैं कि दरवाज़े खुले हैं आसमाँ के
मुझे अब दर-बदर[5] जाना ज़रूरी हो गया है

पुराने चाँद की थकती हुई इस चाँदनी से
उसूलन[6] दिल का भर जाना ज़रूरी हो गया है

जिधर से आ रहा है वक़्त का ख़ामोश धारा
'रज़ा' मेरा उधर जाना ज़रूरी हो गया है

---

1. इच्छा क्षेत्र 2. कम दृष्टिपात 3. स्थिति 4. शून्य 5. द्वार-द्वार 6. नियमत:

79

सूरज सा कोई शाम से पहले ही गिर गया
मैं अपने इख़्तिताम[1] से पहले ही गिर गया

रोती हुई हवा ने ख़बर देर तक पढ़ी
इक चांद अपने बाम[2] से पहले ही गिर गया

ऐ राबते[3] को तोड़ने वाले सितारज़ाद[4]
ये घर तिरे क़याम[5] से पहले ही गिर गया

यकता[6] के सामने मिरी यकताई[7] जा पड़ी
सज्दे में मैं इमाम[8] से पहले ही गिर गया

कहना तो था कि ख़ुश हूँ तुम्हारे बग़ैर भी
आँसू मगर कलाम[9] से पहले ही गिर गया

इक हाथ था दराज़[10] 'रज़ा' सू-ए-आसमान[11]
जो मेरे इन्हिदाम[12] से पहले ही गिर गया

---

1. समाप्ति 2. छत 3. सम्बन्ध 4. सितारे की सन्तान, प्रेयसी की उपमा 5. निवास 6. अनूठा
7. अनूठापन 8. नमाज़ पढ़ाने वाला अग्रणी व्यक्ति जिसके अनुसार नमाज़ पढ़ी जाती है
9. बातचीत 10. फैला 11. आकाश की ओर 12. ध्वंस

80

हद कोई तोड़ के वहशत[1] ने निकल जाना है
मुझ को फिर लेके मुहब्बत ने निकल जाना है

मेरे जाने से वही रहनी है सूरत लेकिन
इश्क़ से ख़ाक की बरकत[2] ने निकल जाना है

दिल को धड़का[3] कोई रुकने नहीं देता जैसे
हाथ आई हुई दौलत ने निकल जाना है

ऐसे लगता है कि अब वक़्त की सरहद पे पड़े
इस मिरे हाथ से साअत[4] ने निकल जाना है

सोचते रहने में अंदाज़ा नहीं था मुझ को
सोचते रहने में मुहलत ने निकल जाना है

पर्दा उठने से क़यामत[5] तो नहीं आ जानी
बस मिरी आँख से हैरत[6] ने निकल जाना है

रोकने वालो भला लफ़्ज़ भी रुकते हैं कभी
देख लेना मिरी शुहरत[7] ने निकल जाना है

---

1. उन्माद, दीवानापन 2. सौभाग्य 3. आशंका 4. घड़ी, क्षण 5. प्रलय 6. आश्चर्य 7. प्रसिद्धि

81

मुझे जाना है मैं ताख़ीर[1] नहीं कर सकता
जिस्म हरगिज़ मुझे ज़ंजीर नहीं कर सकता

मैं गिरा सकता हूँ दीवारे बदन[2] को लेकिन
फिर अकेला उसे तामीर[3] नहीं कर सकता

मिरी जुरअत[4] कि मैं हैरत[5] की कहानी लिक्खूँ
मैं अलिफ़[6] की अभी तफ़सीर[7] नहीं कर सकता

मैं बता सकता हूँ वो आग मुक़द्दस[8] है मगर
अपने जलने की मैं तशहीर[9] नहीं कर सकता

फिर मिरे दीदा-ओ-दिल[10] ने किसे देखा है भला
जब तसव्वुर[11] उसे तस्वीर नहीं कर सकता

कैसे दूँ आग को पानी को हवा को मैं शिकस्त[12]
अपनी मिट्टी को तो तस्ख़ीर[13] नहीं कर सकता

चुप भी रह जाता है आँसू कभी कहते-कहते
दुख हमेशा यही तक़रीर[14] नहीं कर सकता

टूट जाऊँ, प सुलूक़ ऐसा, अभी सोचा है
घर की छत से कोई शहतीर,[15] नहीं कर सकता

देख सकता हूँ कि हक़ है मिरा इस पर लेकिन
देखकर ख़्वाब की ताबीर[16] नहीं कर सकता

---

1. विलम्ब 2. बदन की दीवार 3. निर्माण 4. दुस्साहस 5. आश्चर्य 6. उर्दू वर्णमाला का पहला अक्षर 7. व्याख्या 8. पवित्र 9. विज्ञापन 10. आँख और हृदय 11. कल्पना 12. पराजय 13. बरबाद 14. सम्भाषण 15. छत की लकड़ी की कड़ी 16. स्वप्न फल बनाना

82

बस आँख लाया हूँ और वो भी तर[1] नहीं लाया
हवाला ध्यान का मैं मोतबर[2] नहीं लाया

सिवाय इसके तअर्रुफ़[3] कोई नहीं मेरा
मैं वो परिंदा हूँ जो अपने पर नहीं लाया

न जाने किस को ज़रूरत पड़े अंधेरे में
चराग़ राह में देखा था घर नहीं लाया

मुझे अकेला हदे-वक़्त[4] से गुज़रना है
मैं अपने साथ कोई हमसफ़र नहीं लाया

गुले-सियाह[5] खिला है तो रो पड़ा हूँ मैं
कि रौशनी का शजर[6] भी समर[7] नहीं लाया

शुमार[8] कर अभी चिंगारियां मिरे नाक़िद[9]
कि मैं अलाव उठाकर इधर नहीं लाया

मिरी रवानी[10] की अब ख़ैर हो मिरे मालिक
सितारा टूट के अच्छी ख़बर नहीं लाया

भंवर निकाल के लाया हूँ मैं किनारे पर
मुझे निकाल के कोई भंवर नहीं लाया

---

1. भीगी 2. विश्वसनीय 3. परिचय 4. समय की सीमा 5. काला फूल 6. वृक्ष 7. फल 8. गणना
9. आलोचक 10. गति

83

किस को दरकार हूँ मिट्टी की तरह
ये जो तैयार हूँ मिट्टी की तरह

भेद खोले कोई मेरा तो खुले
मैं पुरइसरार[1] हूँ मिट्टी की तरह

मुझमें भी शौक़े-नुमू[2] था लेकिन
अब मैं बेकार हूँ मिट्टी की तरह

सर उठाता हूँ तो ढह जाता हूँ
कोई दीवार हूँ मिट्टी की तरह

छेद आँखों के नहीं भर सकता
मैं भी लाचार हूँ मिट्टी की तरह

लिए फिरते हैं मुझे आबो-हवा[3]
मैं गुनहगार हूँ मिट्टी की तरह

न मिरे दीदा-ए-नमनाक[4] पे जा
मैं अदाकार[5] हूँ मिट्टी की तरह

ख़्वाब मिट्टी में मिला देता हूँ
मैं मददगार हूँ मिट्टी की तरह

●

---

1. आग्रही 2. उगने की अभिरुचि 3. पानी और हवा 4. रोती आँख 5. अभिनेता

हिन्दुस्तानी शायर
तुफ़ैल चतुर्वेदी

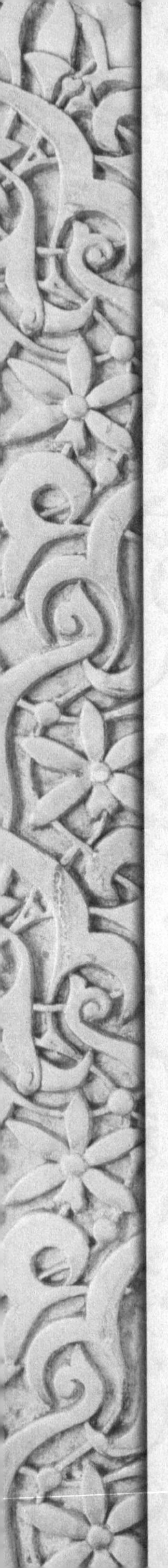

तुफ़ैल चतुर्वेदी

पेशे से जौहरी विनय कृष्ण चतुर्वेदी इल्मो-अदब की दुनिया में तुफ़ैल चतुर्वेदी के नाम से जाने जाते हैं। 20 अगस्त 1961 को ज़िला काशीपुर के एक ज़मींदार परिवार में जन्मे तुफ़ैल चतुर्वेदी हीरे तराशने के साथ-साथ शायरी की नयी प्रतिभाओं को भी लगातार तराशते रहे हैं। अपनी पत्रिका, *ल.फ़्ज़*, के माध्यम से उन्होंने उर्दू शायरी को हिन्दी पाठकों तक पहुँचाने का सराहनीय कार्य किया है। पाकिस्तान के मशहूर लेखक मुश्ताक़ अहमद यूसुफ़ी की किताबों का हिन्दी अनुवाद भी उन्होंने किया है। दो दशक पहले प्रकाशित हुआ उनका ग़ज़ल संग्रह, *सारे वरक़ तुम्हारे*, को लोग आज भी याद करते हैं। यहाँ उनकी बेहतरीन ग़ज़लें प्रस्तुत की जा रही हैं। इनका संपर्क है - tufailchaturvedi@gmail.com, 9711296239, 9810387857

1

किसी भी झील से हँसते कमल निकालता हूँ
मैं हर ज़मीन में अच्छी ग़ज़ल निकालता हूँ

चलो कि मैं ही जलाता हूँ ख़ून से ये चराग़
चलो कि मैं ही अँधेरे का हल निकालता हूँ

बना के बाँध तुझे झील करके छोड़ूँगा
ज़रा सा ठहर नदी तेरे बल[1] निकालता हूँ

ये हो भी सकता है इस बार काम हो जाये
मैं पाँसे फेंक के फिर से रमल निकालता हूँ

इबादतों[2] की तरह प्यार है मिरा जानां[3]
मैं तेरी याद के हर दिन से पल निकालता हूँ

---

1. पेच, मोड़ 2. पूजा 3. प्रेयसी

2

उरूज[1] पर ही रहेगी, ये रुत ज़वाल[2] की नईं
ग़मों को थोड़ी जुरूरत भी देखभाल की नईं

बहुत सँवार के रखता हूँ दोस्ती को मैं
कि कोई उम्र मुहब्बत के इन्तक़ाल की नईं

तुम्हारे एक इशारे पे हो गया हूँ तबाह
ये मुस्कुराने की रुत है, ये रुत मलाल की नईं

सुकूते-शहरे-ख़मोशां[3] भी कुछ नहीं साहब
मेरी उदासी अनूठी है ये मिसाल की नईं

उसे भी ध्यान नहीं है कि अब कहाँ हूँ मैं
मुझे भी अब तो ख़बर अपने माहो-साल[4] की नईं

---

1. ऊँचाई 2. पतन 3. क़ब्रिस्तान की शान्ति 4. महीने और वर्ष

3

कुछ इस तरह भी तिरे ग़म को काल काटता है
किसी की जेब को जैसे दलाल काटता है

किसी ग़रीब का जीना बड़ा कठिन है मियां
यहाँ वज़ीर पयादे की चाल काटता है

जुए के ऐब को बरता है उसने फ़न[1] की तरह
हराम काम से रोटी हलाल काटता है

मिरे क़बीले पे शबख़ून[2] मारने वाले
यहाँ तो मोम भी लोहे की ढाल काटता है

मैं जंग जीत के महफ़ूज़[3] लौट तो आया
मगर ग़नीम[4] का मुझको मलाल काटता है

रिवायतों[5] की सफ़ें टूटती नहीं सबसे
कई बरस में कोई एक जाल काटता है

ख़मोशियों से तअल्लुक की डोर टूट न जाय
जवाब दीजिये साहब सवाल काटता है

तिरे फ़िराक़[6] में यूँ ज़िन्दगी कटी अपनी
गुलाम जैसे किसी घर में साल काटता है

कुछ एक रोज़ तो लगते हैं सच की आदत में
'तुफ़ैल' जूता नया हो तो खाल काटता है

---

1. कला 2. रात का धावा 3. सुरक्षित 4. शत्रु 5. परम्पराओं 6. वियोग, जुदाई

4

जिस जगह पत्थर लगे थे रंग नीला कर दिया
अबकी रुत ने मेरा बासी जिस्म ताज़ा कर दिया

आइने में अपनी सूरत भी न पहचानी गयी
आँसुओं ने आँख का हर अक्स धुँधला कर दिया

था तो नामुमकिन तिरे बिन मेरी साँसों का सफ़र
फिर भी मैं ज़िन्दा हूँ मैंने तेरा कहना कर दिया

हम तो समझे थे कि अब अश्कों की क़िस्तें चुक गयीं
रात इक तस्वीर ने फिर से तक़ाज़ा कर दिया

उसकी ख़्वाहिश में तुम्हारा सर है, तुमको थी ख़बर
अपनी मंज़ूरी भी दे दी, तुमने ये क्या कर दिया

उसके वादे के इवज़[1] दे डाली अपनी ज़िन्दगी
एक सस्ती शय का ऊँचे भाव सौदा कर दिया

कल वो हँसता था मिरी हालत पे अब हँसता हूँ मैं
वक़्त ने उस शख़्स का चेहरा भी सहरा[2] कर दिया

---

1. बदले में 2. रेगिस्तान

5

कोई झोंका नहीं है ताज़गी का
तो फिर क्या फ़ायदा इस शायरी का

बहुत दिन तक नहीं बहते हैं आँसू
वो दरिया हो गया सहरा[1] कभी का

किसी ने ज़िन्दगी बरबाद कर दी
मगर अब नाम क्या लीजे किसी का

मुहब्बत में ये किसने ज़हर घोला
बड़ा मीठा था पानी इस नदी का

तिरी तस्वीर पर आँसू नहीं हैं
मगर धब्बा नहीं जाता नमी का

सिमट आये फिर इक दिन ज़ात में हम
बहुत दिन दुख सहा ज़िन्दादिली का

चमन में फूल हैं लाखों तरह के
पर उसके सामने हर रंग फीका

बहुत मुमकिन है तारे तोड़ लाये
पता कुछ भी नहीं है आदमी का

किसी दिन हाथ धो बैठोगे हमसे
तुम्हें चस्का बहुत है बेरुख़ी[2] का

---

1. मरुस्थल 2. अवहेलना, इग्नोर करना

6

हवा को रुख़ बदलना चाहिए था
दिया मेरा भी जलना चाहिए था

डुबोया आँसुओं में सारा जीवन
समंदर से निकलना चाहिए था

कोई तुम सा नहीं है शहर भर में
ये पत्ता पहले चलना चाहिए था

पिघल उट्ठी थी तारीकी फ़ज़ा की
हमें कुछ और जलना चाहिए था

पड़े हो रास्ते पर ख़ाक ओढ़े
हवा के साथ चलना चाहिए था

अँधेरे आदतन करता है साज़िश
मगर सूरज निकलना चाहिए था

ख़ता[1] तस्लीम[2] करना चाहिए थी
कफ़े-अफ़सोस[3] मलना चाहिए था

ज़रूरी था कि सबके साथ रहते
ज़रा सा बचके चलना चाहिए था

शराफ़त रोकती है वार मेरे
इससे पहले कुचलना चाहिए था

तुम्हारी बात बिल्कुल ठीक थी, बस
तुम्हें लहजा बदलना चाहिए था

---

1. ग़लती 2. स्वीकार 3. शर्मिन्दगी में हाथ मलना

7

मई है और सुलगती धूप अच्छी लग रही है
तुम्हारे साथ हूँ हर चीज़ प्यारी लग रही है

किसी के हो चुके, दिल-दीन कब का दे चुके हम
हमारी साहिबो! बेकार बोली लग रही है

तुरुप का आख़िरी पत्ता चलो, आँसू बहाओ
वगरना इश्क़ की बाज़ी तो जाती लग रही है

मुहब्बत! धज्जियाँ हो जायेंगी कुछ पल में तेरी
सँभलना, ख़्वाब पर दुनिया की कैंची लग रही है

मियाँ! क्या हो गया है मुन्सिफ़ों[1] को, भांग पी ली
कि अब की बार तो क़ातिल को फाँसी लग रही है

तुम्हें उम्मीद है दुनिया से कुछ अच्छाइयों की
मुझे ये सेब की पेटी ही दाग़ी लग रही है

कहाँ खोये हो, किस के ध्यान में हो, मन कहाँ है
ख़मोशी तक तुम्हारी क्यों अधूरी लग रही है

---

1. न्यायाधीशों

8

बुलंदी का नशा सम्तों[1] का जादू तोड़ देती है
हवा उड़ते हुए पंछी के बाज़ू तोड़ देती है

सियासी भेड़ियो! थोड़ी बहुत ग़ैरत ज़रूरी है
तवायफ़ तक किसी मौक़े पे घुँघरू तोड़ देती है

ये बूढ़ा किस तरह से ज़िन्दगी का बोझ ढो पाये
जवाँ बेटे की मय्यत[2] दोनों बाज़ू तोड़ देती है

हक़ीक़त छुप नहीं पाती नया शजरा[3] बनाने से
भरम सब काग़ज़ी फूलों का ख़ुशबू तोड़ देती है

वही जिसने मिरा रिश्ता कभी दुनिया से तोड़ा था
उसी की याद अब पलकों से आँसू तोड़ देती है

सफ़र मुहलत[4] नहीं देता है नुक़सानात गिनने की
मुसाफ़िर धूप से बच जाये तो लू तोड़ देती है

---

1. दिशाओं 2. अर्थी 3. वंशावली 4. समय

9

महकते फूल से लम्हों की जौलानी[1] पलट आयी
वो क्या लौटा कि पतझड़ में फ़ज़ा धानी पलट आयी

कुमुक सूरज की आने तक तुझे ही जूझना होगा
चराग़े-शब[2] वो अंधियारे की सुल्तानी पलट आयी

मुहब्बत करने वाले जानेमन तन्हा नहीं रहते
तिरे जाते ही घर में देख वीरानी पलट आयी

बहुत मुश्किल है चढ़ते आँसुओं की धार पर टिकना
किनारे आ लगा था मैं कि तुग़ियानी[3] पलट आयी

ज़रा सी देर निकले थे समझदारों की सुहबत में
हमेशा को हमारी चाकदामनी[4] पलट आयी

---

1. आना-जाना 2. रात्रि के दीपक 3. बाढ़ 4. दामन फटना

10

अब्र[1] का टुकड़ा रुपहला हो गया

चाँदनी फूटेगी पक्का हो गया

इक ख़ता[2] सरज़द[3] हुई सरदार से

दर-ब-दर[4] सारा क़बीला हो गया

हर क़दम बढ़ती गयीं गहराइयाँ

और पानी सर से ऊँचा हो गया

धूप की ज़िद हो गयी पूरी मगर

आख़िरी पत्ता भी पीला हो गया

एक पल बैठी हुई थीं तितलियाँ

दूसरे पल उसका चेहरा हो गया

हिज्र[5] की शब[6] का अजब था एहतिमाम[7]

चाँद आधा दर्द दुगना हो गया

एक सिसकी थम गयी आँसू बनी

एक आँसू बढ़के दरिया हो गया

आँसुओं में झिलमिलाये उनके रंग

शाम क्या आयी सवेरा हो गया

वो गली तो ज़िन्दगी का ख़्वाब थी

मैं जहाँ का था वहीं का हो गया

उसने भी हँसने की आदत डाली ली

''हमसे वो बिछुड़ा तो हम सा हो गया''

मैं न कहता था उन्हें आने दे तू

तीरगी![8] देखा, उजाला हो गया

---

1. बादल 2. ग़लती 3. घटित 4. तितर-बितर 5. वियोग 6. रात 7. प्रबन्ध 8. अँधेरा

11

फागुन से मेरे भी रिश्ते निकलेंगे
हाँ सूखा हूँ लेकिन पत्ते निकलेंगे

रिश्तेदारों से उम्मीदें क्यों की थीं
ख़जरी आमों में तो रेशे निकलेंगे

बरसों की सच्चाई के ग़म हैं दिल में
इतने काँटे धीरे-धीरे निकलेंगे

मुश्किल है तो मुश्किल से घबराना क्या
दीवारों में ही दरवाज़े निकलेंगे

मुमकिन हो तो पाँच बजे तक आ जाना
शाम ढले आँसू आँखों से निकलेंगे

टूटे-फूटे दिल हैं फिर भी मत फेंको
इनमें कुछ तो काम के पुरज़े निकलेंगे

इतनी बात महाभारत रचवाती है
अंधे के बेटे हैं अंधे निकलेंगे

12

बिन तिरे साथ कोई क्या जाये
सिर्फ़ सन्नाटा बोलता जाये

एक क़ंदील तो रहे रौशन
रेत पर नाम ही लिखा जाये

कोई शर्मिन्दा जुल्म करने पर
कोई अहसान से दबा जाये

देखती होगी राह तन्हाई
शाम ढलती है घर चला जाये

दिल का कमरा बहुत उदास सही
कोई कोना सजा लिया जाये

हर दिशा में बिखर रहा है वो
बाजुओं में समो लिया जाये

उसके चेहरे को ओक में भर लूँ
रौशनी को कभी पिया जाये

13

जब अपनी सूखती फ़स्लें किसान देखता है
कभी ज़मीं तो कभी आसमान देखता है

हक़ीक़तों से उसे जूझना नहीं मंज़ूर
मगर वो ख़्वाबों में हीरे की खान देखता है

ये किसके ध्यान में आया लहूलुहान हैं हम
ये कौन है जो हमें बेअमान[1] देखता है

ख़ुलूस[2] ज़ेब[3] न देगा तुझे मिरे दुश्मन
कि इस नज़र से कोई मेहरबान देखता है

तिरे सफ़र में हम अब उस जगह पे हैं कि जहाँ
वो धूप है कि शजर[4] सायबान देखता है

मिरी भलाई से परदा कभी नहीं हटता
मिरी ख़ताओं[5] को सारा जहान[6] देखता है

---

1. अनाश्रित 2. विनम्रता 3. शोभा 4. पेड़ 5. ग़लतियाँ 6. संसार

14

जब आसमान पैरों में भूचाल बाँध ले
माथे से तू भी खेंच के रूमाल बाँध ले

जी है मुक़ाबले का तो फिर चाँद से उलझ
बादल छुपाये फिरते हैं मुँह, बाल बाँध ले

चुनता हूँ ऐसे एक तबस्सुम[1] की धज्जियाँ
गठरी में जैसे ख़ुशियों को कंगाल बाँध ले

अब मसलहत[2] के सामने चाहत का मोल क्या
कूड़ा उठा के फेंक दे और माल बाँध ले

ऊँची उड़ान भरने से पहले मिरे अज़ीज़
सरकस के आदमी की तरह जाल बाँध ले

मेरे क़लम पे सैकड़ों पहरे हैं साहिबो
आसाम बाँध ले कभी बंगाल बाँध ले

---

1. मुस्कुराहट 2. निजी हित

15

तज दे ज़मीन, पंख हटा, बादबान छोड़
गर तू बग़ावती है, ज़मीं-आसमान छोड़

ये क्या कि पाँव-पाँव सफ़र मोतियों की सम्त
हिम्मत के साथ बिफरे समन्दर में जान छोड़

ख़ुशबू का सिलसिला दे या आहट की राह बख़्श
तू चाहता है तुझसे मिलें तो निशान छोड़

बुझते ही प्यास, तुझको भुला देंगे अहले-दश्त[1]
थोड़ी सी तश्नगी[2] का सफ़र दरमियान छोड़

मैं चाहता हूँ अपना सफ़र अपनी खोजबीन
इस बार मेरे सर पे खुला आसमान छोड़

क्यों रोकता है मुझको इशारों से बार-बार
सच सुनना चाहता है तो मेरी ज़बान छोड़

मुझको पता चले तो, यहाँ कौन है मिरा
आ सामने तो मेरी तरफ़ खुल के बान[3] छोड़

---

1. जंगल में भटके लोग, 2. प्यास 3. बाण

16

तीरगी[1] जितना कमनज़र[2] हूँ मैं
रौशनी! फिर भी हमसफ़र हूँ मैं

काश उस तक ख़बर न पहुँचे कभी
इसी दुनिया में दर-ब-दर[3] हूँ मैं

ज़ख़्म भी अब नज़र नहीं आते
ख़ून से इतना तर-ब-तर[4] हूँ मैं

अब तो ख़ुद भी मैं भूल बैठा हूँ
कितनी सदियों से बेसहर[5] हूँ मैं

ख़्वाब पत्तों की तरह टूटते हैं
गोया[6] सूखा हुआ शजर[7] हूँ मैं

सोचना उसको, ढूँढना उसको
बस इसी एक काम पर हूँ मैं

ठीक है सब जिधर खड़े हो तुम
सब ग़लत है मियाँ जिधर हूँ मैं

---

1. अंधेरा 2. कम देखने वाला 3. मारा-मारा फिरना 4. भीगा हुआ 5. बिना प्रभात के 6. जैसे 7. पेड़

17

यादें हमलावर थीं कितनी रात, उदासी, तन्हा मैं
दिल तिल-तिल करके टूटा हर लम्हा ख़ुद से जूझा मैं

जाने किसको ढूँढ रहा हूँ, जाने किसकी है ये खोज
सूनी आँखें, बाल बिखेरे, हर दरवाज़े रुकता मैं

नफ़रत हो या प्यार हो या दूरी, बस तुझसे रिश्ता हो
जैसा चाहे रिश्ता रख ले तेरा केवल तेरा मैं

उसको क्या मालूम कि मेरे मन की परतें कच्ची हैं
बाहर-बाहर बदला गरजा अन्दर-अन्दर टूटा मैं

उसका चेहरा; उसका चेहरा, उसके जैसा कोई न था
पर्वत, वादी, दरिया, सहरा, गुलशन, जंगल भटका मैं

मेरी फ़ौज में मेरे बाज़ू, उसकी फ़ौज में मेरा दिल
सोच रहा हूँ उससे उलझकर कैसे जीत सकूँगा मैं

सारे अक्स डरायें जैसे आसेबों[1] की बस्ती हो
दुनिया के इस शीशमहल में सहमा एक परिन्दा मैं

---

1. भूत-प्रेत

18

आहट हमारी सुन के वो खिड़की में आ गये
अब तो ग़ज़ल के शेर असीरी[1] में आ गये

साहिल पे दुश्मनों ने लगायी थी ऐसी आग
हम बदहवास डूबती कश्ती में आ गये

अच्छा दहेज़ दे न सका मैं बस इस लिए
दुनिया में जितने ऐब थे बेटी में आ गये

हम तो समझ रहे थे ज़माने को क्या ख़बर
किरदार[2] अपने देख कहानी में आ गये

तुमने कहा था आओगे, जब आयेगी बहार
देखो तो कितने फूल चमेली में आ गये

अब तुम समझ न पाओ तो क्या इसका हो इलाज
शिकवे तमाम एक ही सिसकी में आ गये

उसकी गली को छोड़ के ये फ़ायदा हुआ
ग़ालिब-फ़िराक़-जोश की बस्ती में आ गये

हम राख हो चुके हैं तुझे भी जता तो दें
बस इस ख़याल से तिरी शादी में आ गये

हाँ, इस ग़ज़ल में उनके ख़यालात नज़्म हैं
इस बार बादशाह ग़ुलामी में आ गये

---

1. ग़ुलामी, वशीभूत कर लेना 2. चरित्र

19

ज़ख़्म या फूल जो भी ठानी कर
बस तअल्लुक़ की मेहरबानी कर

यही हैरत बसाये रखेंगी
मेरी आँखों को ही निशानी कर

क़हक़हे देर तक नहीं रुकते
आँसुओं की ही मेज़बानी कर

राख को भी बिखेर दे मेरी
मेरे क़िस्से को जाविदानी[1] कर

ख़त लिखा, तोड़कर तअल्लुक़ को
अपने लिक्खे पे नज़्ने-सानी[2] कर

तुझको हालात की ख़बर है मिरे
ख़ामुशी मेरी तरजुमानी[3] कर

मलिका-ए-हुस्न सिर्फ़ इक दरख़्वास्त
दिल की बस्ती पर हुक्मरानी का

---

1. अमर 2. पुनर्दृष्टि 3. बात बता

20

ख़्वाब का तन्हा परिन्दा नींद के घर में अकेला
एक पौधा झूमता हो जैसे बंजर में अकेला

मुद्दतें गुज़रीं तमन्ना तक नहीं अब दिल में बाक़ी
है वही इक अक्स[1] फिर भी दीदा-ए-तर[2] में अकेला

ख़्वाब के आग़ोश में सिमटा हुआ कोई कहीं पर
नींद से महरूम कोई जिस्म बिस्तर में अकेला

भागते बादल निगलते जा रहे हैं धूप अपनी
एक टुकड़ा रह गया है सारे मंज़र में अकेला

आज उसी के हाथ से उसकी अना[3] का क़त्ल होगा
छटपटाता फिर रहा है सारे लश्कर में अकेला

साथ है बेसम्त-बेमंज़िल सफ़र का श्राप कोई
बह रहा है ज़ात[4] का बजरा समन्दर में अकेला

उलझनें भी घर की आ जाती हैं उसके साथ शायद
तिलमिलाता फिरता है बेवज्ह दफ़्तर में अकेला

सिर्फ़ सच्चाई बची है अब तो मेरे साथ वरना
रह गया है सर मिरा नेज़ों[5] के लश्कर में अकेला

---

1. छवि 2. रोती हुई आँख 3. घमंड, गर्व 4. अस्तित्व 5. भालों

21

ये बिफरती मौज[1], अन्देश[2], समन्दर और मैं
डूबती साँसें, हथेली पर मिरा सर और मैं

इक बहारों-सी घनी चाहत मिरे अन्दर छिपी
इक सुलगती धूप-सा मेरा मुक़द्दर और मैं

फिर वही आँधी ख़यालों की सुबकती शब[3] के बीच
फिर वही अन्दर से इक आवाज़े-सरसर[4] और मैं

नींद तो जैसे किसी ने श्राप देकर छीन ली
सिसकियाँ, दम तोड़ती शब[5], सर्द बिस्तर और मैं

नर्म-सी इक मुस्कुराहट मेरे लब[6] पर नाचती
दूर तक फैला हुआ दुश्मन का लश्कर और मैं

---

1. प्रलयंकारी लहर 2. आशंकाएँ 3. रोती हुई रात 4. तूफ़ानी हवा की आवाज़ 5. रात 6. होंठ

22

ग़ज़ल का सिलसिला था याद होगा
वो जो इक ख़्वाब-सा था याद होगा

बहारें ही बहारें नाचती थीं
हमारा भी ख़ुदा था याद होगा

समन्दर के किनारे सीपियों से
किसी ने दिल लिखा था याद होगा

तुम्हारे भूलने को याद करके
कोई रोता रहा था याद होगा

लबों पर चुप-सी रहती है हमेशा
कोई वादा हुआ था, याद होगा

बग़ल में थे हमारे घर तो लेकिन
ग़ज़ब का फ़ासला था याद होगा

हमारा हाल तो सब जानते हैं
हमारा हाल क्या था याद होगा

23

बादल को सर क़ुबूले-नज़र[1] भी मिरा हुआ
सहरा का आग-आग सफ़र भी मिरा हुआ

मैं ही उसे बता न सका अपने दिल का हाल
लेकिन सुख़नवरी[2] का हुनर भी मिरा हुआ

मैंने जलाये दीप मिली रौशनी की दाद
अब आँधियों का साथ में डर भी मिरा हुआ

मैंने जला के ख़्वाब दिखाया था रास्ता
अन्धा चराग़े-राहगुज़र भी मिरा हुआ

माना तिलावतों से मिरी आँखें बुझ गयीं
लेकिन दुआ में दोस्त असर भी मिरा हुआ

मैंने ही उसके सर पे रखा ज़िन्दगी का ताज
ठोकर में उसकी सरमदी सर भी मिरा हुआ

पानी नहीं नसीब हुआ प्यास के लिए
ये भी हुआ कि लुक़्मा-ए-तर भी मिरा हुआ

ये भी लगा कि डूब ही जाऊँगा अबकी बार
और उसके बाद गन्जे-गुहर[3] भी मिरा हुआ

जिसने दिये थे ज़ख़्म, कहीं मिल गया जो वो
मैं मुस्कुरा दिया ये हुनर भी मिरा हुआ

---

1. स्वीकार 2. काव्य कर्म 3. मोतियों का ख़ज़ाना

24

दिलों के ज़हर को शाइस्तगी[1] ने काट दिया
अंधेरा था तो घना चाँदनी ने काट दिया

बड़ा तवील[2] सफ़र था हयात[3] का लेकिन
ये रास्ता मिरी आवारगी ने काट दिया

लगा निशाना तो सारी उड़ान बैठ गयी
परों का ज़ोर बस इक कंकरी ने काट दिया

हमें हमारे उसूलों से चोट पहुँची है
हमारा हाथ हमारी छुरी ने काट दिया

तुम अगले जन्म में मिलने की बात करते हो
ये फ़ासला जो मिरी ख़ुदकुशी ने काट दिया

जिगर के टुकड़े मिरे आँसुओं में आने लगे
बहाव तेज़ था पुश्ता नदी ने काट दिया

शकेब[4], बानी[5], मुज़फ़्फ़र[6], ज़फ़र[7], बशीर[8], निदा[9]
ग़ज़ल का हब्स[10] नयी शायरी ने काट दिया

---

1. शालीनता 2. लम्बा 3. जीवन 4. शकेब जलाली 5. बानी मनचन्दा 6. मुज़फ़्फ़र हनफ़ी
7. ज़फ़र इक़बाल 8. बशीर बद्र 9. निदा फ़ाज़ली 10. घुटन

25

हमारे हाल से वो बेख़बर[1] नहीं होता
ये और बात है उस पर असर नहीं होता

मिरी हयात[2] में ख़ुशियाँ तलाशने वाले
मैं रेगज़ार[3] हूँ मुझ में शजर[4] नहीं होता

न तुम रहोगे तो क्या ग़म के ठाठ होंगे यहाँ
ये दिल का क़स्र[5] है प्यारे! खंडर नहीं होता

फ़क़त हमीं ने उसूलों पे जान दी अपने
सभी के नेज़े पे अपना ही सर नहीं होता

तिरा पता नहीं लग पाया उम्र भर वरना
गली में रहता तिरी दर-ब-दर[6] नहीं होता

निगाहे-नाज़[7] पड़ेगी तो जान जायेगी
करारा वार कभी बेअसर नहीं होता

ख़मोशी, आहें, उदासी, क़तार अश्कों की
'किसी भी बात का उस पर असर नहीं होता'

---

1. असावधान, लापरवाह 2. जीवन 3. मरुस्थल 4. पेड़ 5. महल 6. मारा-मारा फिरना 7. प्रेयसी की दृष्टि

26

ख़ुशबुओं का ख़िताब दे आया
मैं उसे फिर गुलाब दे आया

मुस्कुराना भी कितने काम का है
उसकी आँखों को ख़्वाब दे आया

सोचती थी भला करेगी मिरा
ज़िन्दगी को जवाब दे आया

दिल को समझा दिया वो आयेंगे
प्यास को फिर सराब[1] दे आया

मुस्कुराहट के क़र्ज़ क्या चुकते
आँसुओं का हिसाब दे आया

फिर से ईमान हो गया ताज़ा
मौलवी को शराब दे आया

क्या ज़ुरूरत थी सच बताने की
मैं उसे क्या अज़ाब[2] दे आया

---

1. मृग-मरीचिका 2. यातना

27

अदालतें हैं मुख़ालिफ़[1] तो फिर गवाही क्या
सज़ा मिलेगी मुझे मेरी बेगुनाही क्या

मिरे मिज़ाज में शक बस गया मिरे दुश्मन
अब इसके बाद मिरे घर की है तबाही क्या

हरेक बौना मिरे क़द को नापता है यहाँ
मैं सारे शहर से उलझूँ मिरे इलाही क्या

समय के एक तमाचे की देर है प्यारे
मिरी फ़क़ीरी भी क्या, तेरी बादशाही क्या

तमाम शहर के ख़्वाबों में क्यों अंधेरा है
बरस रही है घटाओ! कहीं सियाही क्या

मिरे ख़िलाफ़ मिरे सारे काम जाते हैं
तू मिरे साथ नहीं है मिरे इलाही क्या

बस अपने ज़ख़्म से खिलवाड़ थे हमारे शेर
हमारे जैसे क़लमकार[2] ने लिखा ही क्या

---

1. विरोधी 2. रचनाकार–लेखक

28

जुनूं[1] तेरा वही है यार मेरे
गये सब मशवरे बेकार मेरे

मैं टूटी तेग़[2] से लड़ तो रहा हूँ
अभी हैं, फ़त्ह के आसार[3] मेरे

कोई अपना भी दुश्मन की सफ़[4] में
उचटते पड़ रहे हैं वार मेरे

मैं अश्कों[5] की नदी के इस तरफ़ हूँ
ग़ज़ल के क़ाफ़िले उस पार मेरे

मेरे अन्दर कोई शय[6] मर गयी है
मुहर्रम की तरह त्योहार मेरे

ज़बां के काटने से कुछ न होगा
दिलों पर नक़्श[7] हैं अशआर मेरे

भला हो कर बुरा लगता हूँ भाई
मुख़ालिफ़[8] हो गये अख़बार मेरे

कोई इक रात इनमें रह गया था
चमकते हैं दरो-दीवार मेरे

मुख़ालिफ़ जीत जायेंगे ये तय है
अदावत[9] के भी हैं मेयार[10] मेरे

---

1. उन्माद 2. तलवार 3. सम्भावना 4. पंक्ति 5. आँसुओं 6. चीज़ 7. अंकित 8. विरोधी
9. शत्रुता 10. स्तर

29

मेरे शल[1] हाथों से खुल पायेगी अब ज़ंजीर क्या
बेबसी इस बार देखूँ करती है तदबीर[2] क्या

अद्ल[3] ही जब है मुख़ालिफ़[4] तो सज़ा तय है मिरी
बेगुनाही क्या, सफ़ाई में कोई तहरीर[5] क्या

हौसला दुश्मन का मेरे बस इसी कारण बढ़ा
वो निहत्था था सो उस पर खींचता मैं तीर क्या

मुस्कुराते आ रहे हो साहिबो! क्या बात है
फिर से मेरे नाम लाये हो कोई ताज़ीर[6] क्या

अब तो मैं चारागरी[7] की हद से बाहर जा चुका
दिल मिरा बहलायेगा तू क्या, तिरी तस्वीर क्या

ख़्वाब के हाथों में फिर तेशा[8] नज़र आने लगा
ज़िन्दगी इस बार फिर चाहेगी जू-ए-शीर[9] क्या

हौसले ने मेरे खाली हाथ को कर डाला तेग़[10]
मेरे सीने में उतर पाती कोई शमशीर[11] क्या

क्या न बेहतर होगा मैं अपने ही अन्दर डूब जाऊँ
क्यों कहूँ अशआर में ग़म की करूँ तशहीर[12] क्या

---

1. शिथिल 2. उपाय 3. न्याय 4. विरोधी 5. लिखित 6. दंड 7. ठीक होने 8. कुदाल 9. दूध की
नहर 10-11. तलवार 12. विज्ञापन

30

इरादा कर लिया चुप बैठने का
ये कोई हल नहीं है मसअले का

ख़रीदा चाहती है मुझको दुनिया
ये मौक़ा है ज़मीं पर थूकने का

हमारे क़त्ल की अफ़वाह सुनकर
दिखावा तो करो तुम चौंकने का

किनारे से वो कब का जा चुका है
मियाँ अब फ़ायदा क्या डूबने का

बहुत अच्छाई के पीछे न पड़िये
अमाँ कुछ काम कीजे फ़ायदे का

बहुत मायूस हैं दुश्मन की आँखें
ख़ुदाया एक मौक़ा हारने का

31

हुआ जिसका भरोसा भी नहीं था
कि वो उभरा जो तैरा भी नहीं था

मुहब्बत इम्तहाँ लेती है कैसे
वही चुप था जो गूंगा भी नहीं था

शहंशाहों से यारी थी हमारी
भले ही पास धेला भी नहीं था

बुराई जिस क़दर मेरी हुई है
मियाँ! मैं इतना अच्छा भी नहीं था

तुम्हारे झूठ पर चुप साध लेते
नशा इस दरजा उतरा भी नहीं था

ज़ुरूरत पेश आती दुश्मनी की
तअल्लुक़ इतना गहरा भी नहीं था

मैं सदियाँ छीन लाया वक़्त तुझसे
मिरे क़ब्ज़े में लम्हा भी नहीं था

तिरी हालत बदल पाती तो कैसे
तिरी आँखों में सपना भी नहीं था

32

प्यार किया है तो मर जाना थोड़ी है
दीवाना इतना दीवाना थोड़ी है

आँखों से धोका मत खा जाना इनमें
तू भी है, ख़ाली वीराना थोड़ी है

तन्हा दिल आख़िर दुनिया से हार गया
लेकिन वो दुनिया की माना थोड़ी है

साँसों के बदले में इज़्ज़त का सौदा
हमको जीते जी मर जाना थोड़ी है

ये दुनिया तो झूठ पे जीती है, इसमें
हम ऐसों का आबो-दाना थोड़ी है

हम तुम काग़ज़ पर सदियों साँसें लेंगे
ग़ज़लों का जादू मर जाना थोड़ी है

टूटते रिश्ते पर रोना-धोना कर बन्द
उसको अब की बार मनाना थोड़ी है

इतराता है शुहरत की ऊँचाई पर
पर्वत से वादी में आना थोड़ी है

बात कही है बात निभायेंगे हम लोग
चोरों की बस्ती है थाना थोड़ी है

33

ग़ुबार दिल से पुराना नहीं निकलता है
कोई भी सुल्ह का रास्ता नहीं निकलता है

उठाये फिरते हैं सर पर सियासी[1] लोगों को
अगरचे काम किसी का नहीं निकलता है

लड़ाई कीजिये लेकिन ज़रा सलीक़े से
शरीफ़ लोगों में जूता नहीं निकलता है

सुलग रही हैं नगर की फ़ज़ाएँ बरसों से
मगर क़ुसूर किसी का नहीं निकलता है

तिरे ही वास्ते हमने बहाये हैं आँसू
सभी का हम पे ये क़र्ज़ा नहीं निकलता है

अजीब चीज़ है किरदार पर पड़े छींटे
कि कुछ भी कीजिये धब्बा नहीं निकलता है

ये सुन रहा हूँ कि तूने भुला दिया मुझको
वफ़ा का रंग तो कच्चा नहीं निकलता है

जो चटनी-रोटी पे जी पाओ तब तो आओ तुम
कि मेरे खेत से सोना नहीं निकलता है

---

1. राजनीतिज्ञ

34

अश्कों[1] से आँखों का परदा टूट गया
प्यार का आख़िर कच्चा धागा टूट गया

ख़ामोशी से बेटे को मिट्टी दे दी
अन्दर-अन्दर लेकिन बूढ़ा टूट गया

सोचा था सच की ख़ातिर जाँ दे दूँगा
मेरा मुझसे आज भरोसा टूट गया

पर्वत की बाँहों में जोश अलग ही था
मैदानों में आकर दरिया टूट गया

तेरी सख़ावत[2] भी किस काम की है दाता
ऐसा सिक्का फेंका कासा[3] टूट गया

नई बहू से इतनी तब्दीली आयी
भाई से भाई का रिश्ता टूट गया

ग़ज़लों के आँसू क्यों अब तक बहते हैं
मेरा उसका रिश्ता कब का टूट गया

---

1. आँसुओं 2. उदारता 3. भिक्षा-पात्र

35

हवा का रुख़ बदलना चाहता हूँ
दिया हूँ और जलना चाहता हूँ

बिछड़ जाओगे तो मर जाऊँगा मैं
ये पत्ता मैं भी चलना चाहता हूँ

ये मुमकिन है अँधेरा हार जाये
अभी कुछ और जलना चाहता हूँ

ज़रूरी तो नहीं सबसे मिलूँ मैं
ज़रा सा बच के चलना चाहता हूँ

शराफ़त बुज़दिली लगने लगी है
मैं अब रस्ता बदलना चाहता हूँ

उतार आता है आयेगा यक़ीनन
तो सूरज बन के ढलना चाहता हूँ

36

ख़ून टपकाने लगी आँखें जो महमिल[1] बाँधा
यार का रख़्ते-सफ़र[2] हमने बमुश्किल बाँधा

उसका अहसान कि उसने हमें बख़्शो हैं भँवर
हम भी शायर थे सो हर मौज[3] को साहिल[4] बाँधा

जैसे शहज़ादा किसी इस्म[5] से पत्थर हो जाय
मुस्कुराहट ने मिरी यूँ कफ़े-क़ातिल[6] बाँधा

वरना मैं तोड़ने वाला ही था तूफ़ां का घमंड
एक आवाज़ ने मुझको लबे-साहिल[7] बाँधा

फिर ये फ़रमाया कि ताउम्र नहीं पहनेंगे
मेरी पाज़ेब में इस बार अगर दिल बाँधा

---

1. ऊँट का क़ज़ावा (बैठने का हौदा) 2. पाथेय 3. लहर 4. किनारा 5. मन्त्र 6. हत्यारे का हाथ
7. किनारे पर

37

यूँ तो हमारे हाल की सब है ख़बर उसे
लेकिन मजाल है जो ज़रा हो असर उसे

चेहरा चमक रहा है नये चाँद की तरह
रास आया मेरे ख़्वाब का इतना सफ़र उसे

इतनी सी बात पर वो ख़फ़ा मुद्दतों रहा
इक फूल हमने चूम लिया देखकर उसे

बढ़ता ही जा रहा है सितम आँसुओं के साथ
ज़ालिम बना रही है मिरी चश्मे-तर उसे

बस आह थी हमारी रही बेअसर 'तुफ़ैल'
बस दिल का ज़ख़्म था जो न आया नज़र उसे

38

थकन रास आ गयी है नीड़ पर शायद न आऊँ
फ़लक[1] से लौट कर अब अपने घर शायद न आऊँ

मुझे भी आ गये हैं पैंतरे नेज़े[2] के सारे
सो अपने ख़ून से अब तर-ब-तर[3] शायद न आऊँ

वो अनजानी दिशाएँ बाँह फैलाये खड़ी हैं
तुम्हारी सम्त[4] मैं अब बामो-दर[5] शायद न आऊँ

किताबों में छुपाना चाहता हूँ अब मैं ख़ुद को
तो अपने आँसुओं को भी नज़र शायद न आऊँ

चटानें काट कर रस्ता बनाना आ गया है
मैं तेरी सम्त अब ऐ रहगुज़र[6] शायद न आऊँ

कम-अज़-कम मेरे घावों पर ये परदा डालते हैं
अँधेरों से तिरी जानिब[7] सहर[8] शायद न आऊँ

---

1. आकाश 2. भाले 3. भीगा हुआ 4. ओर, तरफ़ 5. छत-द्वार 6. मार्ग 7. ओर 8. भोर

39

वही महमूद[1] सी रुत वही हँसता हुआ वो
वही मिटने पे मेरे लगाता क़हक़हा वो

नहीं मुजरिम हूँ मैं भी नहीं मुन्सिफ़[2] है वो भी
मगर तस्ख़ीर[3] सा मैं मगर ताज़ीर[4] सा वो

बहुत नीला समंदर हवा इतरा रही है
मुझे रख कर सफ़र पर हुआ है लापता वो

तड़पता है जो पलपल कोई मुझमें है उससे
मैं मिलना चाहता हूँ मगर है रास्ता वो

ये वो भी जानता है मगर कहता नहीं है
मैं उसकी इब्तदा[5] हूँ है मेरी इन्तहा वो

फ़ज़ाओं[6] में मुक़य्यद[7] रहा सदियों में मंज़र
झुलसता जिस्म मेरा खड़ा तस्वीर सा वो

---

1. महमूद ग़ज़नवी 2. न्यायाधीश 3. विजित/हारा हुआ 4. दंड 5. प्रारम्भ 6. वातावरण 7. स्थापित

40

तुहमतों[1] के दौर लफ़्ज़े-मोतबर[2] मह:फ़ूज़[3] कर ले
ढह गया हूँ यूँ तो मैं फिर भी खंडर मह:फ़ूज़ कर ले

इनकी यादें रास्ते की धूप में काम आयें शायद
भीगती आँखों में घर के बामो-दर[4] मह:फ़ूज़ कर ले

हाँ न दुहरा पायेगा अब कोई ज़ख़्मों का महावर
मेरी मद्धम चाल राहे-तेज़तर[5] मह:फ़ूज़ कर ले

आँसुओं को क़हक़हों में ढालने का सीख ले फ़न
मैं बचा हूँ अब तो बस, मेरा हुनर मह:फ़ूज़ कर ले

वक़्त के तेवर ख़फ़ा हैं और कुछ लम्हे ठहर जा
धुंध में ठिठुरा न जायें, बालो-पर मह:फ़ूज़ कर ले

क़तरा-क़तरा नूर टपकेगा तो विष कम होगा शायद
शबगज़ीदा[6] ज़ह्न आँखों में सहर[7] मह:फ़ूज़ कर ले

वक़्त के हाथों कहीं खो दे न ये मासूमियत को
नर्म मिट्टी की सदा ए कूज़ागर![8] मह:फ़ूज़ कर ले

अब न आयेंगी मिरी ख़ुद्दारियाँ[9] इस सम्त दरिया
तश्नगी[10] से तर-ब-तर[11] मेरी नज़र मह:फ़ूज़ कर ले

---

1. लांछनों 2. विश्वस्त शब्द 3. सुरक्षित 4. छत-दीवार 5. तीव्रपथ 6. रात के डंसे 7. भोर
8. कुम्हार 9. स्वाभिमान 10. प्यास 11. भीगी हुई

41

ख़ून से था जिस्म सबका तर-ब-तर[1], मेरा भी है
एक तगड़ा वार, क़िस्सा ख़त्म पर मेरा भी है

जब हवा आयेगी मिट्टी में मिला देगी मुझे
आबगीना[2] हूँ फ़साना[3] लम्स[4] भर मेरा भी है

जब मैं सूरज से मुख़ातिब[5] था कोई बोला तभी
मैं अँधेरा हूँ सो आँखों से गुज़र मेरा भी है

मेरे लाशे[6] पर खड़े हैं रौशनी के ये पहाड़
नींव में इस शह की टूटा खंडर मेरा भी है

एक साया सा नज़र आता है उसकी शक्ल का
दश्त[7] की इन वुसअतों[8] में चारागर[9] मेरा भी है

ज़िन्दगी की चिलचिलाती धूप में उस ज़ुल्फ़ का
छाँव जैसा एक टुकड़ा दोपहर! मेरा भी है

जगमगा उट्ठेगी वो आँखें मिरे भी ज़िक्र पर
इक तबस्सुम[10] उन लबों की शाख़ पर मेरा भी है

दिल ने कल ताकीद[11] की सब कुछ बहा मत दीजियो
एक उजला ख़्वाब तुझमें चश्मे-तर[12] मेरा भी है

इश्क की पागल हवा छू ले किसी सूरत मुझे
'आसमाँ इक चाहिए मुझको कि सर मेरा भी है'

क़ैस[13] जैसा ही मुक़द्दर मैं भी लाया हूँ 'तुफ़ैल'
रंजो-ग़म जितने हैं, सबके दिल में घर मेरा भी है

---

1. भीगा 2. बुलबुला 3. कहानी 4. स्पर्श 5. सम्बोधित 6. शव 7. वीराना 8. विस्तार 9. उपचारक
10 मुस्कुराहट 11. आग्रह 12. भीगी हुई आँख 13. मजनूँ

42

नदी मुमकिन न थी तालाब होता
मुहब्बत में मिलन का बाब[1] होता

वो बैठे थे जहाँ पर पाँव डाले
सफ़ीना[2] उस जगह ग़र्क़ाब[3] होता

फ़ज़ाएँ[4] मेरे दिल सी जल न उठतीं
तिरे चेहरे सा गर महताब[5] होता

भला है उसकी सूरत दिख न पाई
हर आँसू वरना फिर तेज़ाब होता

मिरी आँखों को छू कर नींद बोली
कभी ये शख़्स महव-ए-ख़्वाब[6] होता

---

1. अध्याय 2. नाव, बजरा 3. जलमग्न 4. वातावरण 5. चाँद 6. निद्रा-रात

43

दुनिया तिरे अहसास में नर्मी भी चुभन भी
रस्ते में तिरे फूल भी घमासान का रन भी

देखें कि लिखा क्या है मुक़द्दर में हमारे
इक शख़्स की आँखों में ख़मोशी भी सुख़न[1] भी

जाती ही नहीं मेरी तबीयत से नफ़ासत
बर्दाश्त नहीं करता हूँ बिस्तर पे शिकन भी

अच्छा है कि कुछ देर मिरी नींद न टूटे
है ख़्वाब के आग़ोश में बिस्तर भी बदन भी

क्या दर्द मिरे ज़ख़्म भरे सीने में जागा
वो टीस उठी तड़पा मिरे साथ गगन भी

जब हद गुज़र जाती है आवारामिज़ाजी
तो चैन से सोने नहीं देती है थकन भी

इक लम्हे को मिल जाना भी काफ़ी है तुम्हारा
ज़ुल्मात[2] के मारों को तो नश्शा है किरन भी

ऐ माहबदन[3] हमपे ज़रा और इनायत[4]
इस तल्ख़कलामी[5] में कोई नर्म-सुख़न भी

ख़दशा है कि ये साथ है बस एक पहर का
है चाँद के हमराह मिरे साथ गहन[6] भी

उम्मीद को शम्मों का उजाला नहीं दरकार
फुरक़त[7] में बहुत है मुझे नन्ही सी किरन भी

लफ़्ज़ों का सफ़र साहिबो कुछ खेल नहीं था
'इस राह में आये हैं बयाबां भी चमन भी'

---

1. वार्ता 2. अँधेरे 3. चन्द्रमा जैसे बदन वाली, प्रेयसी 4. कृपा 5. कड़वी बातचीत 6. ग्रहण 7. वियोग

44

ज़ख़्मी था मैं सो आहो-बुका[1] में लगा रहा
वो सबसे बेनियाज़[2] अदा में लगा रहा

पलकों पे इक ज़रा सी नमी क्या दिखाई दी
आलम[3] तमाम उसकी दवा में लगा रहा

उसकी गली तो इतनी न तारीको-तार[4] थी
फिर भी हरिक चराग़ हवा में लगा रहा

सहरा[5] में मेरे बाग़ बदलते चले गये
शाइर था मैं ख़याली घटा में लगा रहा

उक़्दा[6] खुला कि दुश्मने-जाँ था मिरा वो, मैं
ताउम्र जिसकी हम्दो-सना[7] में लगा रहा

वो चाहता था जान से जाऊँ किसी तरह
'मैं उसके साथ-साथ दुआ में लगा रहा'

---

1. रोने-पीटने 2. जिसको 3. संसार 4. अँधेरी 5. मरुस्थल 6. भेद 7. स्तुति

45

ख़मोशी को कहीं उसने चुना तो
वो चुप रह कर अगर गोया[1] हुआ तो

दिये को छोड़ भी देगी हवा तो
मगर अन्दर से कुछ बुझने लगा तो

क़सीदा पढ़ रहा हूँ रौशनी का
अँधेरा ही अगर मेरा हुआ तो

किये जाते हो दिल का क़त्ल मेरे
पलट कर बोल उट्ठा मक़बरा तो

सिवा सूरत के अपनी कुछ न पाता
किसी सूरत वो मुझमें झाँकता तो

उसे देखूँ तो आँसू पोंछ लूँ मैं
किया दिल ने जो मेरा अनसुना तो

अज़ीज़ो[2]! बोझ हो जायेंगी साँसें
तअल्लुक़ में न रक्खा हाशिया तो

पलटना ही पड़ा हर फ़ैसला फिर
दिया उसने जो अपना वास्ता तो

तअल्लुक़ तोड़ डालूँगा मैं उससे
नज़र आये कहीं इक रास्ता तो

---

1. बोला 2. मित्रो

46

मुश्किलों में ही मुस्कुराये हम
धूप पड़ने से लहलहाये हम

चुन रहे हैं ज़मीन से काँटे
आसमाँ पर नज़र जमाये हम

इक सदी में सुनी तिरी आवाज़
एक मुद्दत में मुस्कुराये हम

दरे-महबूब[1] है दरे-महबूब
कब का दुनिया को छोड़ आये हम

उसके ग़म से कलाम करते हैं
शह भर को हदफ़ बनाये हम

कुछ भी कीचड़ उछाल कर न हुआ
जगमगाने से जगमगाये हम

अब तो सब कुछ बहुत ही आसाँ है
मुश्किलों से यहाँ तक आये हम

छाँव का ख़्वाब देखता था कोई
'उम्र भर धूप में नहाये हम'

ज़िन्दगी बातचीत जारी रख
सो न जायें थके-थकाये हम

सोचिये तो ज़मीन लुक़मा
देखिये तो धुले-धुलाये हम

____

1. प्रेयसी का द्वार

47

वो हक़ीक़त है कि है ख़्वाब नहीं जानता मैं
उसके बिन जीने के आदाब नहीं जानता मैं

सींचता रहता हूँ अश्कों से ग़ज़ल की फ़स्लें
कोई दरिया कोई तालाब नहीं जानता मैं

मैं तो गुलबारी किये जाता हूँ शहरों-शहरों
धूप के हाथ हैं तेज़ाब नहीं जानता मैं

खोज में तेरी भटकता ही रहा हूँ पल-पल
किश्ते-जाँ[1] हो गयी बेआब[2] नहीं जानता मैं

जो भी मिलता है गले उसको लगा लेता हूँ
अभी इस शहर के आदाब नहीं जानता मैं

मेरा पैराहने-जाँ[3] ख़ून से लथपथ मिरा जिस्म
रेशमो-मख़मलो-किमख़्वाब[4] नहीं जानता मैं

एक चेहरे की चमक पर मैं खिंचा आया हूँ
शम्म है वो कि है महताब नहीं जानता मैं

तुझ पे पड़ते ही नज़र खो गये सब होशो-हवास
किश्तिये-दिल[5] हुई ग़रक़ाब[6] नहीं जानता मैं

सिर्फ सहरा[7] ही मिला है मुझे ख़्वाबों के इवज़[8]
प्यास भी होती है सैराब[9] नहीं जानता मैं

---

1. प्राणों की खेती 2. सूखी 3. प्राणों का वस्त्र 4. रेशम, मख़मल और किमख़्वाब 5. हृदय की नाव
6. जलमग्न 7. रेगिस्तान 8. बदले में 9. तृप्त

48

इश्क़ को छाँव मैं समझा था भभूका[1] निकला
रास्ता पूरी तबीयत से ये लू का निकला

कोई मंज़र नहीं दुनिया में हमेशा आबाद
जिसको ख़ुशरंग[2] मैं समझा था वो हू का निकला

डाँटा-फटकारा भी, समझाया भी माना ई नईं
दिल को माने था मैं अपना ये किसू का निकला

प्यारे हर ज़ख़्म के होठों पे हँसी तैर गयी
देख आते ही तिरे काम रफ़ू का निकला

उसके दीदार[3] दमे-मर्ग[4] मयस्सर[5] न हुए
मुझ-जनाज़ा भी मेरी आँखों सा भूका निकला

कौन रहता है किसी साथ सदा, उनने भी
आग दिखलाई मेरे लाशे को फूका निकला

---

1. प्रचंड अग्नि 2. सुन्दर 3. दर्शन 4. मरते समय 5. उपलब्ध

49

उल्टी हो गई सब तदबीरें कुछ न दवा ने काम किया
ज़हर को फिर तिर्याक़[1] बनाया ख़ुद का काम तमाम किया

दीवाने की मस्ती का क्या दीवाना है उनने तो
अपने अश्क[2] शराब बनाये अपने हाथ को जाम किया

तिल और उसके गाल के तिल जैसे दो जुड़वाँ जन्नत हों
बल्ख-बुख़ारा की हस्ती क्या दुनिया को इनआम किया

सिर्फ़ फ़क़ीरी है जो अपनी है सो मैंने जीवन भर
अंग भभूत रमाई कफ़नी को अपना अहराम किया

ये इक सच्चे दोस्त का शेवा ही होता है तुमने भी
मेरी ख़ूबी ढंक कर रक्खी मेरी कमी को आम किया

दुनिया की नज़रों में आने का जब ढंग न सूझा कुछ
शुहरत की ख़ातिर उसने फिर ख़ुद को ही बदनाम किया

उसका ग़म ग़ज़लों में समो कर दुनिया भर से पायी दाद
दिल ने घर की चीज़ों को चौराहे पर नीलाम किया

सारे गुलाब सजाये अपने सारी सियाही हमारी की
अपने दिल को सुर्ख़ बनाया दर्द हमारे नाम किया

सुख की धूप, लपट, अकुलाहट अपने पास न आ पायी
दुख बरगद जैसा छतनार था छाँव तले बिसराम किया

दुख की आदत है जन्मों से सुख की आदत थी ही नहीं
छाँव ने मेरा जिस्म जलाया धूप ने छाँव का काम किया

---

1. विष का तोड़ 2. आँसू

50

रँग चलते हों जैसे बाँकी चाल
चाल है उसकी कहकशाँ[1] की चाल

उसको देखा तो ढब गया अपना
कैसी रफ़्तार और कहाँ की चाल

बेरुख़ी[2] उनकी ख़त्म कर देगी
देखियेगा मिरी फ़ुग़ाँ[3] की चाल

चौकड़ी भरते हैं ग़िजाले-हर्फ़[4]
शायरी है मियाँ ज़बाँ की चाल

क़ैस[5] सहरा में छूट जायेगा
धीरे रख थोड़ी कारवाँ की चाल

मुझ चमन में बहार आते ही
तेज़ कितनी हुई ख़िज़ाँ[6] की चाल

असदुल्लाह ख़ाँ से सर न उठा
थी तज़म्मुल हुसैन ख़ाँ की चाल

देर तक कुछ असर नहीं रखते
सूद[7] का वार या ज़ियाँ[8] की चाल

---

1. आकाश गंगा 2. उपेक्षा 3. आर्तनाद, पीड़ा से चीख़ना 4. अक्षरों के हिरन 5. मजनूँ 6. पतझड़
7. लाभ 8. घाटा

51

अपना विरसा[1] है ये किरदार[2], सँभाले हुए हैं
इस हवा में हमीं दस्तार[3] सँभाले हुए हैं

कोई वीराना बसाना तो बहुत आसाँ था
हम तिरे शहर में घर-बार सँभाले हुए हैं

वरना सैलाब ज़माने को बहा ले जाता
अपनी आँखें तिरे बीमार सँभाले हुए हैं

दोस्ती काम बहुत आयी है अपने साहब
कब के मिट जाते मगर यार सँभाले हुए हैं

जो मिला तुझसे, उसे जान! भुलाना कैसा
अब भी आँसू तिरा इंकार सँभाले हुए हैं

क़द्र अब कोई नहीं करता शराफ़त की यहाँ
आजिज़ी[4] हम तुझे बेकार सँभाले हुए हैं

अब ग़ज़ल चाँद-सितारों से परे जा निकली
आप ज़ंजीर की झंकार सँभाले हुए हैं

मुसहफ़ी जी के घराने को ग़ज़ल आती है
यही गिरती हुई दीवार सँभाले हुए हैं

हमने दस लोग भी देखे नहीं प्यारे तिरे साथ
बस तिरी साख को अख़बार सँभाले हुए हैं

उनसे कहना की जिहाद इक बुरी ज़हनीयत[5] है
वो जो ईराक़ में हथियार सँभाले हुए हैं

---

1. परम्परा 2. चरित्र 3. पगड़ी 4. विनम्रता 5. मानसिकता

52

किस लिये सन्नाटा बोझल हो गया
क्या तिरी आवाज़ का पल[1] हो गया

मैंने ये चाहा पलट कर आये ख़ुद
और वो आँखों से ओझल हो गया

मेरे दिल की आग सब कुछ खा गयी
धीरे-धीरे शहर जंगल हो गया

एक तिनका तक न था सहरा में साथ
हाथ का साया ही बादल हो गया

क़हक़हे कब थे तिरे ग़म का इलाज
हँसते रहने से मैं पागल हो गया

चीख़ उट्ठी, फैली, ख़ामोशी बनी
और फिर क़िस्सा मुकम्मल[2] हो गया

___

1. क्षण, समय 2. पूर्ण

53

चाक चलता है मगर कुछ नहीं बनता मुझसे
ख़ुद हुनर करने लगा है मिरा शिकवा मुझसे

अश्क[1] में तैरती यादें ही रहेंगी मुझमें
फिर मिरे दिल ने गयी रात ये पूछा मुझसे

चाशनी घोल दी, कड़वाहटें सच की न गयीं
और फिर बदला भी जाता नहीं लहजा मुझसे

मनअ[2] करने से तिरे, रास्ता मेरा न रुका
कर लिया देख शबे-हिज्र[3] ने रिश्ता मुझसे

क़हक़हे, अश्के-मुसलसल[4], कभी बेवज्ह सुकूत[5]
शह्र में होता है सौ-रंग तमाशा मुझसे

एक दरिया सा बहाया था कभी अश्कों का
लोग कहते हैं समंदर हुआ खारा मुझसे

मान ले लोगों की बात और उठा दे मुझको
जल गया है तिरी दीवार का साया मुझसे

ख़ुदकुशी करना भी आसान कहाँ है प्यारे
कह रहा है मिरे माथे का पसीना मुझसे

एक पत्ते सा बहा जाता हूँ उठता-गिरता
रूठ बैठा है ख़यालात का दरिया मुझसे

ये शराफ़त है रज़ीलों[6] से न उलझा जाये
सो मैं ख़ामोश हूँ लड़ती रहे दुनिया मुझसे

मुझसे कट-कट के बिछुड़ते गये साथी लेकिन
इक नज़रीया मिरा अपना न बिछुड़ा मुझसे

---

1. आँसू 2. मना 3. वियोग रात्रि 4. धाराप्रवाह आँसू 5. अकारण मौन 6. हल्के लोगों

54

आँखों का अगर उसकी इशारा नहीं होता
जो हाल हुआ अब, वो हमारा नहीं होता

इस सोच में डूबा हूँ कहीं तुम तो नहीं हो
इतना तो चमकदार सितारा नहीं होता

हम कौन अनोखे थे कि बर्बाद हुए यूँ
ऐसा तो मुहब्बत में ख़सारा[1] नहीं होता

ख़ुशबू का, उजाले का, घटाओं का, धनक[2] का
हो जाये किसी का वो हमारा नहीं होता

कुछ झूट मिलाना ही पड़ेगा तुम्हें इसमें
बस सच से तो दुनिया में गुजारा नहीं होता

ये बात समझ आयी बहुत देर से हमको
दरिया-ए-मुहब्बत[3] में किनारा नहीं होता

अब वो भी थका जाता है ख़्वाबों के सफ़र से
मेरा भी तमन्ना से गुज़ारा नहीं होता

---

1. घाटा 2. इन्द्रधनुष 3. प्रेम सरिता

55

झुकाये बैठा है सर को, किसी की माना क्या
जरा भी अक़्ल की सुन ले तो वो दिवाना क्या

रची-बसी तिरी ख़ुशबू से वापसी की क़सम
हवा लगायेगी फिर मेरे ताज़ियाना[1] क्या

नहीं मिलाता वो आँखें तो ग़म उठाना क्यूँ
खुला कोई भी न होगा शराबख़ाना क्या

अगर सहार नहीं थी तो क्यों किया था वार
जवाब मिलने पे इस दर्जा तिलमिलाना क्या

तमाम शह्र को फूलों से ढँक दिया मैंने
मगर बहार को उसने बहार माना क्या

जहाँ-जहाँ भी नज़र जाये दर्द का फैलाव
तना हुआ है जरा देख शामियाना क्या

वो ज़िन्दगी है हमारी, बहार थोड़ी है
उसे पुकारना क्या, उसको भूल जाना क्या

तिरी गली में चले आये ज़िन्दगी पायी
दरे-नसीब[2] पे बैठे हैं उठ के जाना क्या

बहाव गम का दबा डाल मींच कर पलकें
वो नर्मरौ है नदी का मगर ठिकाना क्या

हमेशा बदलियाँ रखते हो अपनी आँखों में
'तुफ़ैल' रोने से मुश्किल है मुस्कुराना क्या

---

1. कोड़ा 2. भाग्य के द्वार

56

काम का काम कुछ करोगे क्या
आँसुओ! उस पे भी खुलोगे क्या

मानता हूँ फ़िज़ूल[1] की शय है
पर धड़कता है दिल, रखोगे क्या

साथ चलने का एक मौक़ा दो
आ रहा हूँ ज़रा रुकोगे क्या

इक सहारा बहुत ज़रूरी है
ढह चुका हूँ कहो उठोगे क्या

मैं ख़िजां[2] हो गया तुम्हारे लिये
मुझमें कुछ रंग भी भरोगे क्या

आँसुओं का ये राग मीठा है
मेरी आवाज़ में सुनोगे क्या

सिर्फ़ सैलाब है नमक वाला
मेरी आँखों में तुम बचोगे क्या

तुम बहुत चुप थे जब हुए थे विदाअ
अब मिलोगे तो कुछ कहोगे क्या

---

1. निरर्थक, अनुपयोगी 2. पतझड़

57

उजाला दिखायी दिया कार में
चमक भर गयी मेरे अशआर में

ये डिम्पल[1] से मिसरों[2] में पड़ते हुए
ख़ुशी देखिये आज इज़हार[3] में

उसे देख कर अश्क[4] आगे बढ़े
बधाई तो जानी थी त्योहार में

बहाना था टूटे हुए पांव हैं
मैं बैठा रहा कूचा-ए-यार[5] में

दबाया था आहों को मैंने बहुत
दरार आ गयी दिल की दीवार में

बिलखता रहा दामने-यार पर
मिरा कुछ न था दामने-यार में

अमां पेश-दस्ती[6] का मौक़ा है ये
रज़ा[7] सी है कुछ उसके इन्कार में

किनारे पे फेंका था उसने मुझे
मैं ख़ुद तैर कर आया मंझधार में

ज़ुरूरत के अल्फ़ाज़ मिलते नहीं
भटकता हूँ ग़ज़लों के बाज़ार में

ख़िज़ां[8] को यहीं दफ़्न कर दूँगा मैं
इन्हीं जर्द[9] पत्तों के अम्बार में

---

1. गालों के गड्ढे 2. पंक्तियों 3. अभिव्यक्ति 4. आँसू 5. प्रेयसी की गली 6. हाथ बढ़ाने
7. स्वीकृति 8. पतझड़ 9. पीला

58

उससे इस बार कुछ कहूँ शायद
और इक ख़्वाब... बुन तो लूँ... शायद

रात-दिन घेरे है महक सी इक
जल गया मेरा अंदरूँ[1] शायद

लोग अफ़साना[2] कर रहे हैं मुझे
काम आने लगा जुनूँ[3] शायद

ख़ामुशी में दुबक के बैठा हूँ
अब मैं उसको सुनाई दूँ शायद

छटपटाता नहीं हूँ ज़ख़्मों से
सर्द[4] पड़ने लगा है ख़ूँ शायद

मुझमें खोने को कुछ बचा ही नहीं
ज़िन्दगी की न अब सहूँ शायद

अपने मलबे में दब गया हूँ मैं
ढह गए हैं मिरे सुतूँ[5] शायद

---

1. अन्तरतम 2. कहानी 3. उन्माद 4. ठंडा 5. खंभे

59

छुपा ले ज़ख़्मों को और क़हक़हों को जारी रख
किया है इश्क़ तो फिर इसकी पासदारी[1] रख

यहाँ पे अश्क[2] लुटाते हैं ज़ायक़े के लिए
ग़ज़ल का शहर है इसकी ज़मीन खारी रख

दबी-दबाई हुई आहों से बनेगा न काम
छुपा न कुछ भी हुज़ूर उसके, बात सारी रख

ये तालमेल ज़रूरी है ज़िन्दगी के लिए
कुछ अपनी ज़िद भी चला, बात भी हमारी रख

घुलावटों[3] के दबे-मीठे रंग वाले लफ़्ज़
तू लखनऊ का है लहजे में इंकिसारी[4] रख

ख़यालो-ख़्वाब[5] में ऊँचाइयाँ ज़रूरी हैं
ज़मीं पे पाँव टिका आसमाँ सवारी रख

बनानी है तुझे गहराती शाम की तस्वीर
शफ़क़[6] का रंग अँधेरे पे थोड़ा भारी रख

चहकते शोख़ परिंदों के आशियाँ भी बना
किनारे झील के पेड़ों पे बर्फ़बारी रख

कुछ इक चराग़, कुछ इक तारे, जुगनुओं के हुजूम
सियाह रात की गर्दन पे तेज़ आरी रख

---

1. पक्षपात 2. आँसू 3. नर्मी 4. विनम्रता 5. विचार और स्वप्न 6. गोधूलि की लाली

60

ख़याल ही में हों लेकिन हों रास्ते रौशन
क़लम संभाल अँधेरे को जो लिखे रौशन

यही जगह है जहाँ यार आ के बैठते थे
इसी दरख़्त के नीचे थे क़हक़हे रौशन

क़तार जैसे दियों की रखी हो दिल के क़रीब
किसी भी ज़ख़्म पर उसकी नज़र पड़े... रौशन

तड़प के आया जो ख़ंजर वो सुर्ख़रू निकला
हमारे सीने ने सबके छुरे किये रौशन

बस एक चेहरा सियाही का रूप धरता हुआ
वरक़-वरक़ पे उजालों के सिलसिले रौशन

नमक लपेटे हुए साँवला-सलोना शख़्स
हर इक निगाह में कर डाले कुमकुमे[1] रौशन

इलाज इनका...? कोई भी इलाज होता नहीं
ये दिल हैं साहिबो! होंगे कटे-फटे रौशन

चमक बला की थी सूरज भी बुझ गये कल रात
किसी के गालों पे अश्कों के दीप थे रौशन

मिरे अज़ीज़ो[2]! अदब अब तुम्हें उजालना है
सियाह[3] शब में हैं तुम से गिने-चुने रौशन

---

1. बल्ब 2. प्रिय जनों 3. काली

61

लगा के लब पे तबस्सुम सा एहतमाम[1] से हम
तेरी गली से गुज़रते हैं एहतराम[2] से हम

गली को दिल की अँधेरे से भर दिया जिसने
पुकारते थे उसे रौशनी के नाम से हम

लहू-लहू न हों आँखें तो देखते भी नहीं
नज़र उठाते हैं उस सम्त एहतमाम[3] से हम

हर-एक बूँद में अश्कों[4] की वो समाया हुआ
धनक-धनक[5] हुए जाते हैं रोज़ शाम से हम

कुछ इस तरह से कि आँखों में तेरी देखते हों
कलाम[6] हमसे मुख़ातिब[7] है और कलाम से हम

---

1. व्यवस्था 2. सम्मान 3. उपयुक्त व्यवस्था, 4. आँसुओं 5. इन्द्रधनुष 6. काव्य 7. सम्बोधित

62

रौशनी   जितनी   छटपटाती   है
तीरगी   उतनी   बढ़ती   जाती   है

किस   बला   की   चमक   है   आँखों   में
सारी   तस्वीर   झिलमिलाती   है

कोई   शय   जल   रही   है   सीने   में
इक   सुहाती   सी   आँच   जाती   है

छोड़   देता   है   दिन   किसी   सूरत
शाम   सीने   पे   बैठ   जाती   है

दिन   नहीं   आता   मेरी   दुनिया   में
रात   जाती   है   रात   आती   है

रात-दिन   मुझ   पे,   अंदरूँ[1]   मेरे
कोई   शय[2]   उँगलियाँ   उठाती   है

बेलियाक़त[3]   रही   लियाक़त[4]   सब
मुश्किलों   से   बहार   आती   है

गाँव   से   शहर   आ   के   इक   लड़की
इश्तिहारों[5]   के   काम   आती   है

---

1. अन्तर्मन 2. चीज 3. अयोग्य 4. योग्यता 5. विज्ञापन

63

पत्तियाँ गिरने के मौसम में बुझा रहता हूँ मैं
फूल खिलते हैं तो फूलों सा खिला रहता हूँ मैं

उसका वादा था पलट कर आऊँगा मैं एक दिन
दिन गुज़रते जा रहे हैं, देखता रहता हूँ मैं

रोज़ मेरे ख़्वाब में आता है इक चेहरे का चाँद
रोज़ मद्धम रौशनी में भीगता रहता हूँ मैं

जाते-जाते कैसा फीकापन वो मुझमें भर गया
कुछ पढ़ूँ, देखूँ, लिखूँ बेज़ायक़ा[1] रहता हूँ मैं

उसका चेहरा याद तक आता नहीं है अब मुझे
फिर भी ग़ज़लों में लहू क्यों थूकता रहता हूँ मैं

---

1. बेस्वाद, फीका

64

एक झलक उसकी... मिसरा[1] हो जाता है

दोबारा देखूँ मतला[2] हो जाता है

बादल उठता है... चेहरा हो जाता है

बैठे-बैठे मुझको क्या हो जाता है

उसके दिल में पहले तबस्सुम[3] बैठाओ

बीज ही कुछ दिन में बूटा हो जाता है

उसकी सूरज खिंच जाती है अश्कों[4] में

सारा मंज़र सतरंगा हो जाता है

दिल को छुपा कर रख पतझड़ के मौसम में

इस मौसम में ज़ख़्म हरा हो जाता है

ग़म ज़िद्दी है कुछ भी कर लीजे इसका

दिल की बस्ती पर क़ब्ज़ा हो जाता है

एक हँसी चहकी ख़ामोशी में बदली

हर बच्चा आख़िर बूढ़ा हो जाता है

कुछ कर लूँ कितने ही उजाले रंग लगाऊँ

मेरा हर मंज़र काला हो जाता है

मेरे आँसू भी ख़ामोशी बनते हैं

उसका चुप रहना गोया[5] हो जाता है

इक-इक करके ग़म की चट्टानें तोड़ो

पर्वत कटने से टीला हो जाता है

दसियों बाग़ लगाये मैंने साहब जी

धीरे-धीरे सब सहरा[6] हो जाता है

---

1. शे'र की एक पंक्ति 2. ग़ज़ल का पहला शे'र 3. मुस्कुराहट 4. आँसुओं 5. बोलना 6. मरुस्थल

65

तिरा   सदक़ा   उतारे   जाऊँगा   मैं
अब   अपने   दिन   सँवारे   जाऊँगा   मैं

तिरी फ़ुरक़त[1] में ख़ुशियाँ सर उठायें?
इन्हें   चुन–चुन   के   मारे   जाऊँगा   मैं

इसी   सूरत   चमकनी   है   ये   क़िस्मत
वही   जीतेगा...   हारे   जाऊँगा   मैं

नहीं   सुनता   है   वो   मैं   जानता   हूँ
मगर   साहब,   पुकारे   जाऊँगा   मैं

गली उसकी नज़र आने लगी, दिल!
ज़रा   रुक   मेरे   प्यारे   जाऊँगा   मैं

---

1. वियोग

66

ख़ाक था, जिस्म का लेकिन मुतबादिल[1] हुआ मैं
उसको पाने की तलब में किसी क़ाबिल हुआ मैं

हाथ मलती है फ़ज़ा[2] शह्र के हैं लोग अवाक
क़हक़हे छोड़ के ख़ामोशी में दाख़िल हुआ मैं

हाथ फैलाये हुए दश्त[3] बुलाता था मुझे
एक दीवाना था, दीवानों में शामिल हुआ मैं

शर्त जाँ देने की ठहराते हो, हाज़िर है जान
क़ैस-फ़रहाद की सफ़ में चलो शामिल हुआ मैं

वार कीजे कि तरीक़ा है यही जानने का
ख़ून फ़व्वारे सा उछलेगा अगर दिल हुआ मैं

शहे-दिल में बसा करती थीं उमीदें क्या-क्या
कैसे इस शह्र के बाशिंदों का क़ातिल हुआ मैं

क़ह्र[4] ये सिर्फ़ मिरी ज़ात[5] ही सह पायेगी
तुम नदी बन के झपटते हो, लो साहिल[6] हुआ मैं

उसकी आँखों में सवालों का, जवाबों का है जाल
देखते-देखते तन्हाई से महफ़िल हुआ मैं

फ़र्ज़ सजदा भी था बढ़ना भी था मंजिल की तरफ़
बैठता-उठता तिरे शह्र में दाख़िल हुआ मैं

---

1. समानुपयोगी 2. वातावरण 3. वीराना, जंगल 4. प्रकोप 5. अस्तित्व 6. किनारा

आके तन्हाई ने ज़ोरों के लगाये चाँटे
एक पल कल जो तिरी याद से ग़ाफ़िल¹ हुआ मैं

आपने लहजे में तब्दील किया है क्या कुछ
कितना आसान था किस वास्ते मुश्किल हुआ मैं

पूछता रहता है रह-रह के जुनूं² मुझसे यही
अक़्ल के शहर में क्या सोच के दाख़िल हुआ मैं

देखिये शम्म³ पे जलते हुए परवानों⁴ को
रक़्स⁵ करना है मिरा फ़र्ज़ के बिस्मिल⁶ हुआ मैं

मीरो-ग़ालिब के ही रस्ते पे चला और चल कर
ग़ज़ले-अहद के रुख़सार का इक तिल हुआ मैं

आप आलिम हैं ज़हानत का उजाला हैं आप
जो भी जी आये कहें मुझको कि जाहिल हुआ मैं

वाजिबुल-क़त्ल हूँ लेकिन मिरे पीछे दुनिया
कुफ़्र करता हुआ ईमान का हासिल हुआ मैं

सख़्त किस दर्ज ज़मीं और क़यामत की ग़ज़ल
ग़ालिबे-ख़स्ता⁷ के अल्फ़ाज़ में 'बेदिल'⁸ हुआ मैं

बेतमीज़ी को मत इग्नोर किया कीजे 'तुफ़ैल'
सिर्फ़ अख़लाक़⁹ बरत लेने से बुज़दिल हुआ मैं

---

1. असावधान 2. उन्माद 3. मोमबत्ती 4. पतंगे 5. नृत्य (घायल का तड़पना) 6. घायल
7. ग़ालिब (शायर) 8. एक शायर जो अपने कठिन काव्य के लिये प्रसिद्ध हैं, ग़ालिब इनके
प्रशंसक थे 9. शालीनता

67

उजाला अब नहीं बच पायेगा क्या
हवा खा जाएगी हर-इक दिया क्या

मना लेते उसे, वो लौट आता
मगर इस बात से अब फ़ायदा क्या

बस उसको देख कर चुप लग गयी है
मिरी ज़िन्दादिली तुझको हुआ क्या

किसी सूरत से साँसें ले रहे हैं
हमारी इब्तिदा नई इन्तहा क्या

फिर इक मौक़े से हमने पूछा दिल से
ज़रा सा ज़ख़्म था लेकिन भरा क्या

ये ढेरों अश्क आते हैं कहाँ से
नहीं होता है ग़म दीवालिया क्या

कोई भी चाल चलिये हारते हैं
हमारी ज़िन्दगी है तयशुदा क्या

ये चीलें किस लिये मँडरा रही हैं
मिरे अल्लाह मैं मर जाऊँगा क्या

68

जुदाइयों का, उदासी का दर्द झेला गया
ये मैच हार ही जाना था फिर भी खेला गया

उसी के ध्यान में दिन रात डूबे रहते हैं
कि दिल के साथ हर इक तरह का झमेला गया

तुम एक शक्ल थे लेकिन हज़ार रंगों की
तुम आ गये मिरी तन्हाइयों का मेला गया

कटे-फटे, दबे-कुचले दिलों की मत पूछो
ये वो ज़मीं है ग़मों का जहाँ से रेला गया

सिसकते-चीख़ते लब[1] हो गये ख़मोश आख़िर
बदन तो बोझ था जितना बना धकेला गया

---

1. होंठ

69

धीरे-धीरे अश्क तो कम हो जाएँगे
लेकिन दिल पर ज़ख़्म रक़म[1] हो जाएँगे

दीवाने की पलकें खुलने मत देना
सहरा तेरे बंजर नम हो जाएँगे

मेरे पैरों में चुभ जाएँगे लेकिन
इस रस्ते के काँटे कम हो जाएँगे

उसकी याद का झोंका आने वाला है
सब जलते लम्हे शबनम हो जाएँगे

हम थक कर बैठेंगे उसकी चौखट पर
सारे राही तेज़-क़दम हो जाएँगे

सूखती जाती है तेरी यादों की झील
पंछी ग़ज़ल के आने कम हो जाएँगे

दुनियादारी ताक़ पे रखने का जी है
घर में रह कर हम गौतम हो जाएँगे

---

1. अंकित

70

बातचीत उनसे फिर बहाल हुई
आँसुओ! कामयाब चाल हुई

उसने तलवार फेंक दी हँस कर
मुस्कुराहट हमारी ढाल हुई

दे दिया उसने दोस्ती को जवाब
ज़िन्दगी मुस्तक़िल[1] सवाल हुई

देखियो किसको चाँद ने देखा
चाँदनी किस लिये निढाल हुई

याँ रफ़ू हो तो वाँ से फट जाये
ज़िन्दगी इक पुराना शाल हुई

फिर चढ़ा हिज्र[2] का बुख़ार मुझे
फिर तबीयत मिरी निढाल हुई

---

1. स्थाई 2. वियोग

71

चमक आभास भर होगी हमारी
अँधेरों में बसर होगी हमारी

फ़रिश्ते ख़ुद को छोटा पा रहे हैं
ज़मीं पर ही गुज़र होगी हमारी

ख़ुदा क्या कुछ नहीं लगता हमारा
दुआ क्यों बेअसर होगी हमारी

तिरे बिन हम अकेले क्यों चलेंगे
उदासी हमसफ़र होगी हमारी

उड़ाना ख़ुद पड़ेगी खाक अपनी
हवा तो साथ भर होगी हमारी

बचा लेना हवा के रुख़ से दामन
कि मिट्टी दर ब दर होगी हमारी

72

जान जो उसपे लुटानी थी बचाई हुई है
दिल ने दीवार गिराने की उठाई हुई है

दिल ने वो भीड़ जुटाई है ग़मों की ख़ुद में
ऐसा लगता है कि बस्ती सी बसाई हुई है

मैं जपूँ गर न तिरा नाम तो मर जाऊँ तुरन्त
एक शय[1] ऐसी मिरी जाँ में समाई हुई है

कुछ भी कर ले तिरी क़िस्मत में है वीराना ही
कुंडली हमने तिरी इश्क़ दिखाई हुई है

आपके गालों को छूती हुई ज़ुल्फ़ें तौबा
छाँव सी जैसे कोई धूप में आई हुई है

---

1. वस्तु

73

जब से निकले हैं उस मकान से हम
उलझे फिरते हैं कुल जहान[1] से हम

तेरा ग़म किस लिये छुपाते हैं
काहे फिरते हैं शादमान[2] से हम

जिसपे मोटी सी बिन्दी लगती है
तीर खाते हैं उस कमान से हम

हमअतन-गोश[3] है हमारे लिये
जिस गली में हैं बेज़बान से हम

सोचने में हरे-भरे शादाब[4]
देखने में लहूलुहान से हम

आज पाताल पार ठहरेंगे
आज उतरे हैं उसके ध्यान से हम

ये ग़ज़ल का 'तुफ़ैल' है प्यारे
जगमगाते हैं शम्मदान से हम

---

1. संसार 2. प्रसन 3. आवाज़ पर कान धरे 4. प्रफुल्ल, सिंचित खेती

74

रौशनी फैली हुई है मुझमें
रात बेवक़्त रुकी है मुझमें

मूसलाधार बरसते आँसू
आग सी जैसे लगी है मुझमें

बस वही राह जो पहुँचे उस तक
धुँधली-धुँधली सी सही है मुझमें

आओगे? धूल में सन जाओगे
दिन भर आँधी सी चली है मुझमें

तुमने रोपा था जिसे ग़म कह कर
शाख़ वो अब भी हरी है मुझमें

चीख़ता रहता हूँ मैं तेरे लिये
ख़ामुशी तेरी कमी है मुझमें

75

बर्गे-नौ[1] जैसा ही वो चेहरा वो कोरी आँखें
रात चेहरे से मिरे हो गयीं चोरी आँखें

ख़ुद के देखे से नज़र लगने का अन्देशा सा
चाँद सा चेहरा है चाँदी की कटोरी आँखें

उसका अस्तित्व किसी थाल में चौंसठ व्यंजन
ज़ायक़ा लेने लगीं मेरी चटोरी आँखें

अब किसी सम्त[2] भी देखूँ नहीं दिखता कुछ भी
साथ में दिल के मिरे ले गयी छोरी आँखें

सारे संदेसे इसी राह से आते-जाते
ये तअल्लुक़ है कि हैं बीच की डोरी आँखें

संगे-मरमर का बदन खोया हुआ ख़्वाबों में
गोरे चेहरे पे नज़र आयी हैं गोरी आँखें

लखनऊ वाले थे इस वास्ते ख़ामोश रहे
मुम्बई होती तो सब कहते टपोरी आँखें

इक नज़र मिलते ही बढ़ जाये शुगर बन्दे की
आँखें सी आँखें हैं ये ईख की पोरी आँखें

---

1. नये पत्ते 2. ओर

76

दूर होकर भी तिरा होने का सुख
गुमरही में रास्ता होने का सुख

हब्स[1] से रुकती हुई साँसें मिरी
पर तसव्वुर[2] में हवा होने का सुख

चन्द पल में जान जायेगी मगर
उसके हाथों की सज़ा होने का सुख

मेरी जानिब[3] बज़्म[4] की हर एक आँख
गाते-गाते बेसदा[5] होने का सुख

दिल की बरबादी मुकम्मल[6] है मगर
तज़करों[7] के जा-ब-जा[8] होने का सुख

---

1. वायु अवरोध 2. कल्पना 3. ओर 4. सभा 5. मौन 6. पूर्ण 7. चर्चाओं 8. जगह-जगह

77

अँधेरा वैसे तो बिलकुल निडर है ध्यान रहे
मगर चराग़ से वो बेख़बर है ध्यान रहे

तू मेरी पहली है तामीरे-शाहकार[1] मगर
मिरे मिज़ाज में इक कूज़ागर[2] है ध्यान रहे

रहे-ग़ज़ल[3] में अना[4] का मक़ाम आयेगा
ये इस नदी में सदा का भँवर है ध्यान रहे

वो जिसने हिज्र[5] दिया है वही तो देगा विसाल[6]
सो आबला[7] ही तिरा चारागर[8] है ध्यान रहे

तुझे सुनाने हैं अहवाल[9] ख़ामुशी को न चुन
यहाँ पे नाला-ए-दिल[10] मोतबर[11] है ध्यान रहे

ये धुँधली-धुँधली है, पुरपेच[12] है मगर है तो
मिटी-मिटी ही सही रहगुज़र है ध्यान रहे

मैं रेगज़ार[13] में रहता हूँ ख़ाक उड़ाता हूँ
मगर सितारों पे अब भी नज़र है ध्यान रहे

---

1. महान निर्मिति 2. कुम्भकार, निर्माता 3. ग़ज़ल की राह 4. घमंड 5. वियोग 6. मिलन
7. छाला 8. उपचारक 9. हाल 10. दिल का आर्तनाद 11. विश्वसनीय 12. घुमावदार 13. मरुस्थल

78

उजाड़ दश्त में इक मक़बरा दिखाई दिया
वो हाल था कि लगा आशना[1] दिखाई दिया

फ़लक[2] को चूमती दीवार ज़िन्दगी थी मगर
क़रीब जाने पे इक रास्ता दिखाई दिया

हरेक आँख ख़ताएँ गिना रही थी मिरी
हरेक लब[3] पे मुझे मशवरा दिखाई दिया

निराश हो गये थे ख़ुश्क होने वाले थे
फिर आँसुओं को तिरा नक़्शे-पा[4] दिखाई दिया

मिला था राह में कोई बहार जैसा कभी
तमाम उम्र ही सब कुछ हरा दिखाई दिया

---

1. परिचित 2. आकाश 3. होंठ 4. पैर का निशान

79

है वो जैसा भी भला फ़र्ज़ करें
ज़ख़्म पहले से न था फ़र्ज़ करें

देखने वाले कहें बुत उसको
सोचने वाले ख़ुदा फ़र्ज़ करें

ऐसे चट्टान कहाँ टूटती है
इसको मिट्टी का बना फ़र्ज़ करें

उसने मुँह फेर लिया, देखा तो
इसको दरवाज़ा खुला फ़र्ज़ करें

एक बादल को कहें सब्ज़ा[1] है
एक सहरा[2] को घटा फ़र्ज़ करें

उसके पहलू में कटी पूरी रात
ख़्वाब को ख़्वाब न था फ़र्ज़ करें

दिल में इक ख़्वाब-नगर था पहले
वो नगर डूब चुका फ़र्ज़ करें

कर दिया वार तो मरना था मुझे
आप तो कुछ न किया फ़र्ज़ करें

मेरे मिटने को कहें जी उट्ठा
ज़हर देने को दवा फ़र्ज़ करें

साहिबो! इश्क़ यही होता है
लू के झोंके को सबा[3] फ़र्ज़ करें

---

1. हरियाली 2. मरुस्थल 3. वसंत की हवा

80

उदासियों से तिरी दूरियाँ बढ़ाते हुए
मैं बुझ न जाऊँ तुझे रौशनी में लाते हुए

किसी से वादा था आँसू नहीं बहाऊँगा
तमाम उम्र गुज़ारी है मुस्कुराते हुए

बहुत बुलन्द न तय कीजे मंज़िलें साहब
मैं चट से टूट गया आसमाँ झुकाते हुए

इसी तरह तिरे होंठों पे नाम था मेरा
बहुत उदास हूँ मैं दास्ताँ से जाते हुए

हज़ारों लोगों को पढ़ने का फ़ायदा देखा
हम अपनी ज़ात को इक क़ाफ़िला बनाते हुए

81

हर पेशबंदी[1] फिर से लाहासिल[2] हुई
वहशत[3] मिरी फिर शह्र में दाख़िल हुई

थी उठ खड़े होने की मेरे देर बस
सैलाब की नद्दी मिरा साहिल हुई

मस्ती में मिक़नातीस[4] के गुण हैं मियाँ
कल अक़्ल भी दीवानों में शामिल हुई

मुद्दत के बाद आई तुम्हारी याद कल
सूने खंडर में रात क्या महफ़िल हुई

पामालियाँ[5] घेरे रहीं मुझको सदा
इक फ़त्ह थी सो ख़्वाब में हासिल हुई

नाराज़ क्यों हो अक़्ल की बातों पे तुम
इसका बुरा क्या मानना जाहिल हुई

बैठा था दिल की मौत पर मैं सोगवार[6]
तन्हाई ने पुरसा[7] दिया महफ़िल हुई

---

1. घेरेबंदी 2. निरर्थक 3. उन्माद 4. चुम्बक 5. पराजय 6. उदास 7. ढाँढस बँधाना

82

न ही रस्ते, न ही जीने, न ही कमरे में मिला
गुमशुदा एक उजाला मुझे सीने में मिला

भीड़ इक साथ लिये फिरता था दरहम-बरहम[1]
जिसको दीवाना समझते थे तमाशे में मिला

दिल गया, चैन गया, नींद गयी, ज़ीस्त[2] बनी
ये ख़सारा[3] था मुहब्बत का सो मँहगे में मिला

उससे मिलना है, बता देनी है दिल की हालत
पुख़्तगी[4] और ज़रा कच्चे इरादे में मिला

फाड़ डाला मिला मफ़लर, मिरा स्वेटर, मिरा कोट
कान का बाला बहरतौर[5] दुपट्टे में मिला

जगमगाता हुआ फिर देख ग़ज़ल को अपनी
लखनऊ वालों की तहज़ीब को लहजे में मिला

---

1. अस्त-व्यस्त 2. जीवन 3. घाटा 4. कठोरता, संकल्प 5. अन्तत:

83

दिल तुझे अपना फ़साना जो सुनाने लग जाय
अश्क[1] क्या चीज़ लहू आँखों से आने लग जाय

तू जो हल्कान किये है मुझे इक मुद्दत से
तेरे पीछे भी अगर कोई ज़माने लग जाय

थोड़ी तस्कीन[2] का इम्कान[3] है सुन कर ये ख़बर
आँख शायद तिरे आने के बहाने लग जाय

वो कि इक शख़्स नहीं शोला-ए-जव्वाला[4] है
वो जिधर जाय उधर धूम मचाने लग जाय

आपके रूप का तय है कि पड़ा वार ओछा
मुझसा दीवाना अगर होश में आने लग जाय

तुम कि मज़हब का धुआँ बाँट रहे हो फिर से
शहर का शहर अगर अबके ठिकाने लग जाय

मर गया मैं, सभी मरते हैं मगर साहब जी
जो भी ये बात सुने नाचने-गाने लग जाय

---

1. आँसू 2. चैन 3. सम्भावना 4. भभकता शोला

84

तड़प उठा, झुका, गिरा, ख़मोश-लब सहार[1] की
ये बात है हमारे दिल की बाँके, तहदार की

जो दिल में ज़ख़्म था तो दिल में ज़ख़्म था दिखाते क्या
अनापरस्त[2] थे बहुत हँसी ही इश्तहार[3] की

कहाँ तलक तिरा ख़याल भी रफ़ू करे, सो ख़ुद
कटी-फटी रिदा-ए-ज़िन्दगी[4] थी तार-तार की

सरल नहीं था आँसुओं की तेज़ धार तैरना
बहुत बहाव था मगर नदी तो हमने पार की

हरेक नोके-ख़ार[5] को लहू से रंग दे दिया
ख़िज़ां[6] हमारी सम्त जब भी आई यूँ बहार की

लबों पे मुस्कुराहटों की कहकशां[7] सजी रहे
ये साअतें[8] हैं ज़िन्दगी पे ग़म के ऐतबार की

उलझ पड़े थे उनसे हम, ख़फ़ा[9] है हमसे दिल बहुत
लड़ाई ठन गयी है अबके उससे आर-पार की

वो तुल गए हैं आज क़त्ल करके छोड़ेंगे मिरा
घड़ी करीब आ रही है मेरे इंकिसार[10] की

जहाँ पे 'मुसहफ़ी' का सिलसिला था 'नूर' बाँटता
वहाँ पे आके मैंने सारी बज़्म शर्मसार की

वो एक शक्ल क्या दिखी जहान डगमगा गया
ये दास्तान है नज़र पे रौशनी के वार की

---

1. बर्दाश्त 2. स्वाभिमानी 3. विज्ञापन 4. जीवन की चादर 5. काँटे की नोक 6. पतझड़
7. आकाश गंगा 8. घड़ियाँ 9. कुपित 10. विनम्रता

85

बढ़ के उनसे उलझ हक़ीक़त जान
इश्क़ चल आज अपनी क़ीमत जान

चाहते दुश्मनों से मिल जाते
बेरुख़ी[1] को भी इक हिमायत[2] जान

हम जो करते हैं प्यार की बातें
हम सरीखों के दम ग़नीमत जान

कम से कम पास तो बिठाता है
इस ख़राबे[3] को भी इमारत जान

दूसरे लोग ख़ुदकुशी कर लें
हम जो ज़िन्दा हैं इसको जुरअत[4] जान

ये जो मज़लूम[5] हो गये हैं ख़मोश
इसको ख़ामोश सी बग़ावत जान

वास्ता ही नहीं है दुनिया से
मेरी हर साँस को इबादत जान

---

1. अवहेलना 2. साथ देना 3. वीरान 4. दुस्साहस 5. पीड़ित

86

मुझे उसने बताया है

मई में चंद दिन पहले

बहुत ठंडे, बहुत बोझल, बुरे हालात का दिन था

जब उसका ज़हन उलझा था ख़यालों में

लहू बर्दाश्त की हद से गुज़र आया

अना[1] ज़ख्मी हुई

माहौल इस दर्जा सुलग उठा

तहय्या[2] कर लिया उसने

कि अब वो ख़ुदकुशी कर ले

कोई भी रास्ता शायद नहीं होगा

यक़ीनन ही नहीं होगा

वगरना क्यों कमल चाहेगा उसकी पत्तियाँ बिखरें

धनक[3] क्यों अपने हाथों रंग मसलेगी

गिरा देगी ज़मीं पर अपनी पिचकारी

महक क्यों ख़ुद को अफ़सुर्दा[4] करेगी, रौंद देगी जिस्म अपना

कोई शफ़्फ़ाफ़[5] चश्मा[6] किस लिये ख़ुद अपने हाथों ख़ुद को मिट्टी से भरेगा

सितारा कोई, अपनी रौशनी क्यों तीरगी[7] से ख़ुद ही बदलेगा

कोई भी रास्ता शायद नहीं होगा

यक़ीनन ही नहीं होगा

कभी हालत ऐसे मोड़ पर ले आते हैं साँसें

---

1. स्वाभिमान 2. संकल्प 3. इन्द्रधनुष 4. उदास 5. स्वच्छ 6. सोता 7. अंधेरे

लहू बर्दाश्त की हद से गुज़र जाता है
तेज़ी से सुलगता है बदन, तपती हैं शरियानें[1]
ख़यालो-ख़्वाब को रस्ता नहीं मिलता
बस इक आवाज़ पैहम[2] गूँजती है ज़हन के गुम्बद में आओ ख़ुदकुशी कर लें
ये मर्ज़ी थी समय की और वो इस कोशिशे-नाकाम से बच कर चला आया
बहुत गहरा, भयानक, सर्द सन्नाटा मुझे घेरे हुए है
कि जैसे कोई अजगर अपनी कुँडली में मुझे जकड़े निगलना चाहता है
बस इक शिकवा है उससे जिसका शायद हक़ नहीं है
मैं उसकी ज़िन्दगी के साथ आऊँ ये नहीं मुमकिन
मगर जब मौत चाही उसने तो क्योंकर, नहीं मुझको पुकारा
मुझको क्यों आवाज़ के लायक़ नहीं समझा
मुझे आवाज़ देता, आज़माता, एक तो मौक़ा मुझे देता
मुझे उसने बताया है...

---

1. नसें 2. लगातार

87

न जाने कैसे तेरी मेरी चाहतों का सफ़र
वहाँ तक आ भी गया जिस जगह है वीराना

फ़क़त उदास बुझी चाँदनी है ढलती हुई
मैं इस उमीद में डूबा हुआ हूँ शाम के साथ
तुझे ये ध्यान तो होगा कोई अकेला है
किसी की आँखें फ़क़त तेरे ख़्वाब में गुम हैं
कोई तरसता है बाहों में तुझको लेने को
तू इतनी दूर सही देखना न हो मुमकिन
किसी का ध्यान मगर तुझसे बात करता है
किसी के हाथ, तेरे जिस्म का सुनहरापन
सहेज लेते हैं तो ख़ुद को जगमगाते हैं
सजे-सजाये भरे-पूरे घर की दीवारें
किसी को काटने लगती हैं शाम ढलते ही
ये तय हुआ था अकेले न हम रहेंगे कभी

इसी उमीद में डूबा हुआ हूँ शाम के बाद
तुझे भी ध्यान तो होगा कोई अकेला है

88

एक नन्हा सितारा

बहुत दूर पर

आसमाँ के किसी नीम-तारीक[1] कोने में टूटा

ज़मीं की तरफ़ तेज़ रफ़्तार आया

मिरी आँख से आँख उसकी मिली

मैंने लेकर तुम्हारा हसीं नाम कंकर उठाया

और दिल में ये सोचा

कि अब तुम मिरे ही रहो, मेरे हो जाओ तुम

शोख़ चंचल हवा हँस पड़ी

बोली, अब तो तुम्हें सोचना भी नहीं चाहिये

अब उसे माँगना ये बताता है,

दिल के किसी कोने में

तुम यही सोचते हो वो तुम्हारा नहीं

---

1. कम अंधेरे

89

बहुत अच्छा कटा है आज दिन मेरा

हुई जो सुब्ह तो सूरज

बहुत छोटे से बादल में ढके

अपनी चहकती-बोलती किरनें

दबे क़दमों से आया मेरे कमरे में

जगाया मुझको जैसे तुम सुलाते हो

क़दम बाहर रखा मैंने जो कमरे से

तो पर्वत मुझसे बोला

तुम अकेले किस लिये आये

कहाँ पर छोड़ आये ज़िन्दगी अपनी

हवायें मुझसे बोलीं अब तुम्हें तन्हा नहीं रहना

किसी के हो चुके हो तुम

तुम्हारा तन, तुम्हारा मन, तुम्हारे ख़्वाब तक

हद ये है, तन्हाई में भी तुझको किसी सूरत कभी तन्हा नहीं रहना

अगर मजबूरियाँ हों तो

किसी के ख़्वाब में उतरो

किसी के ध्यान में डूबो

किसी की याद से बातें करो

तस्वीर से बोलो

मगर तन्हा नहीं रहना

सो मैंने आज सारा दिन तुम्हें सोचा

तुम्हें देखा, तुम्हें माँगा, तुम्हें पाया

महक छाई रही मुझ पर तुम्हारी मीठी साँसों की

बहुत अच्छा कटा है आज दिन मेरा

ग़ज़ल की अज़मत में हाज़िरी

मैं अपनी ज़िन्दगी को चाहता हूँ

नाम दे दूँ इक नया, चेहरा नया दे दूँ

पुराना सब तो बासी हो चला है

सुलगती धूप में चादर मिरे सर पर पड़ी थी जो

पुरानी हो गई है धूप अब रुकती नहीं है

बुनाई मेरे ख़्वाबों की उधड़ती जा रही है

मिरे अन्दर का ढाँचा चाटती जाती है दीमक

वक़्त की पल-पल

मिरे अन्दर जो शोले थे नयेपन के, उमीदों के

वो बुझते जा रहे हैं मिरी सोचों के झरने थक गये हैं

मिरे लफ़्ज़ों की गर्मी में बड़ी सर्दी उतरती जा रही है

मिरी यादों का मौसम धूल की आँधी न बन जाये

मैं शायद वक़्त से पहले ही मरने की तरफ़ माइल[1] हूँ

इक ऐसी मौत जिसका मरने वाला अपना लाशा[2] ख़ुद उठाये

घूमता फिरता है दुनिया में

कि कोई क़ब्र मिल जाये

इसी कारण मैं अपनी ज़िन्दगी को चाहता हूँ

नाम दे दूँ इक नया, चेहरा नया दे दूँ

ग़ज़ल कैसा रहेगा

●●●

---

1. आकर्षित 2. शव